교육부 지정
초등필수 영단어 800 끝장내기

2024년 12월 10일 초판 1쇄 인쇄
2024년 12월 15일 초판 1쇄 발행

엮은이 우등생스터디
발행인 손건
마케팅 최관호
디자인 빅픽처
제작 최승용
인쇄 선경프린테크

발행처 *LanCom* 랭컴
주소 서울시 영등포구 영신로 34길 19, 3층
등록번호 제 312-2006-00060호
전화 02) 2636-0895
팩스 02) 2636-0896
홈페이지 www.lancom.co.kr
이메일 elancom@naver.com

ⓒ 우등생스터디 2024
ISBN 979-11-7142-072-8 13740

교육부 지정

초등필수 영단어 800 끝장내기

우등생스터디

LanCom
Language & Communication

이 책의 구성 및 활용법

이 책은 교육부에서 지정한 초등 필수 영단어 800개를 빠르고 효율적으로 공부할 수 있도록 구성하였습니다. 단어를 직접 쓰고 문장에 알맞은 단어를 넣어 봄으로써 다양하게 활용할 수 있는 능력을 기를 수 있습니다. 1일 10단어 80일 구성으로 되어 있으며 1주가 끝나면 연습문제를 통하여 그 주에 공부한 단어를 복습할 수 있습니다.

1단계

단어 바르게 쓰고 뜻 익히기

스펠링과 발음, 뜻을 학습하고 구(phrase)를 통해 단어의 쓰임을 확인합니다. 단어를 줄에 맞추어 여러번 쓰면서 소리내어 읽어 봅니다. 발음기호를 보고 큐알코드로 원어민 음성을 들으면서 정확하게 읽을 수 있도록 합니다.

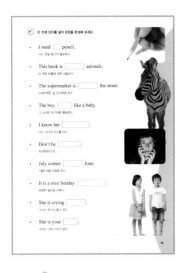

2단계

문장 속에 알맞은 단어 쓰기

단어를 학습하면서 바로 써봐도 되고, 원어민 음성을 들으면서 빈 칸 채우기를 하면 듣기 능력에도 도움이 됩니다. 시제와 단수·복수 등에 유의하여 단어를 써 봅니다.(빈 칸 채우기의 정답은 따로 표시하지 않았습니다. 출판사 홈페이지 자료실에서 따로 다운로드 받으실 수 있습니다.

3단계

연습문제로 단어 복습하기

단어의 뜻 직접 써보기, 그림보고 단어 찾기, 문장 속에 알맞은 단어 넣기 등 다양한 문제를 통하여 확인 학습이 가능합니다. 한 주에 배운 단어를 복습하면서 암기의 효율성을 높이고 잊어버린 단어는 재학습을 반복합니다.

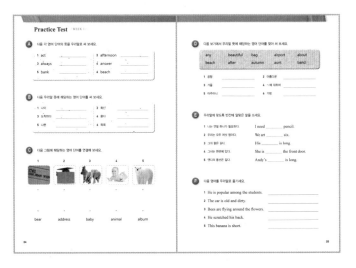

차례

알파벳 Alphabet

알파벳은 영어를 표기하기 위해 사용되는 문자로 자음 21자와 모음 5자를 합쳐 총 26개의 글자가 있습니다. 알파벳에는 **대문자**(A, B, C, D, E ...)와 **소문자**(a, b, c, d, e ...)가 있는데, 각각의 글자 모양과 소리를 함께 잘 알아두어야 합니다.

Aa [eɪ 에이]	**Bb** [bi: 비이]	**Cc** [si: 씨이]	**Dd** [di: 디이]
Ee [i: 이이]	**Ff** [ef 에프]	**Gg** [dʒi: 쥐이]	**Hh** [eɪtʃ 에이취]
Ii [aɪ 아이]	**Jj** [dʒeɪ 쥐에이]	**Kk** [keɪ 케이]	**Ll** [el 엘]
Mm [em 엠]	**Nn** [en 엔]	**Oo** [oʊ 오우]	**Pp** [pi: 피이]
Qq [kju: 큐우]	**Rr** [ɑ:(r) 아아(르)]	**Ss** [es 에쓰]	**Tt** [ti: 티이]
Uu [ju: 유우]	**Vv** [vi: 븨이]	**Ww** [ˈdʌblju: 더블유우]	**Xx** [eks 엑스]
Yy [waɪ 와이]	**Zz** [zí: 즤이]		

발음기호 Phonetic Symbol

단어를 읽기 위해서는 일정한 발음 규칙이 필요한데, 이것을 기호로 나타낸 것이 발음기호입니다. 발음기호는 괄호 [   ]안에 표기를 하며 이러한 발음기호가 어떤 소리를 내는지 알면 영어를 자유롭게 읽을 수 있습니다.

● 자음 Consonant

자음이란 발음을 할 때 공기가 혀나 입, 입술, 입천장 등에 부딪히며 나는 소리입니다. 자음은 [k], [p], [t]와 같이 성대가 울리지 않는 무성음과 [b], [d], [g]와 같이 성대가 울리는 유성음으로 구성되어 있습니다.

[p]	**pig** [pɪg 피그] 돼지	[b]	**book** [bʊk 북] 책
[t]	**tie** [taɪ 타이] 넥타이	[d]	**dream** [driːm 드리임] 꿈
[k]	**king** [kɪŋ 킹] 왕	[g]	**girl** [gɜːrl 거르얼] 소녀
[f]	**face** [feɪs 페이스] 얼굴	[v]	**five** [faɪv 파이브] 다섯
[ð]	**brother** [ˈbrʌðə(r) 브러더(ㄹ)] 형제	[θ]	**three** [θriː 쓰리이] 셋
[s]	**sun** [sʌn 썬] 해	[z]	**zoo** [zuː 주우] 동물원
[ʃ]	**shark** [ʃɑːrk 샤아르크] 상어	[ʒ]	**leisure** [ˈliːʒər 리이저르] 여가
[tʃ]	**church** [tʃɜːrtʃ 처어르춰] 교회	[dʒ]	**June** [dʒuːn 주우운] 6월
[l]	**lion** [ˈlaɪən 라이언] 사자	[r]	**rose** [roʊz 로우즈] 장미
[n]	**nose** [noʊz 노우즈] 코	[m]	**mail** [meɪl 메일] 편지

[h]	**hair** [heə(r) 헤어(ㄹ)] 머리카락	[ŋ]	**song** [sɔːŋ 쏘옹] 노래
[j]	**yes** [jes 예스] 네	[w]	**wood** [wʊd 우드] 나무

● 모음 Vowel

모음이란 발음을 할 때 공기가 혀나 입, 입술, 입천장 등에 부딪히지 않고 목과 입 안의 울림으로 나는 소리입니다. 모든 모음은 성대가 울리는 유성음으로 구성되어 있습니다.

[ɪ]	**milk** [mɪlk 밀크] 우유	[iː]	**sheep** [ʃiːp 쉬입] 양
[ʊ]	**cook** [kʊk 쿡] 요리사	[uː]	**movie** [ˈmuːvi 무우비] 영화
[e]	**desk** [desk 데스크] 책상	[ə]	**teacher** [ˈtiːtʃə(r) 티이쳐(ㄹ)] 교사, 선생
[ɜː]	**bird** [bɜːrd 버어ㄹ드] 새	[ɔː]	**door** [dɔː(r) 도오(ㄹ)] 문
[æ]	**cat** [kæt 캣] 고양이	[ʌ]	**cup** [kʌp 컵] 컵
[ɑː]	**bar** [bɑː(r) 바아(ㄹ)] 막대기	[ɒ]	**on** [ɒn 온] ~위에
[ɪə]	**ear** [ɪə(r) 이어(ㄹ)] 귀	[eɪ]	**wait** [weɪt 웨이트] 기다리다
[ʊə]	**poor** [pʊə(r) 푸어(ㄹ)] 가난한	[ɔɪ]	**boy** [bɔɪ 보이] 소년
[əʊ]	**show** [ʃəʊ 셔우] 보여 주다	[eə]	**air** [eə(r) 에어(ㄹ)] 공기
[aɪ]	**my** [maɪ 마이] 나의, 내	[aʊ]	**cow** [kaʊ 카우] 암소

품사 Parts of speech

영어 단어는 크게 8가지로 분류될 수 있습니다. 우리는 이것을 영어의 **8품사**라고 합니다. 명사 (noun), 대명사(pronoun), 동사(verb), 형용사(adjective), 부사(adverb), 전치사(preposition), 접속사(conjunction), 감탄사(interjection)가 바로 이것들입니다. 이 8품사가 문장에서 어떻게 쓰이는지 알아봅시다.

1 모든 사물의 이름인 **명사** (noun)

명사는 사람, 동식물이나 사물, 장소의 이름, 명칭을 나타내며 문장에서 주어, 목적어, 보어로 쓰입니다.

father(아버지), desk(책상), dog(개), flower(꽃), air(공기), water(물) …

2 명사를 대신하는 **대명사** (pronoun)

사람, 동식물이나 사물의 이름을 대신하여 나타냅니다.

I(나), you(당신), she(그녀), he(그), this(이것), who(누구) …

3 주어의 움직임을 나타내는 **동사** (verb)

사람, 동물, 사물의 동작이나 상태를 나타내며 문장에서 없어서는 안 될 중요한 역할을 합니다. 주부와 술부로 이루어진 우리말에서 술부의 끝맺음 말에 해당하여 '~다'로 해석됩니다.

go(가다), come(오다), see(보다), eat(먹다), know(알다), read(읽다) …

4 명사를 예쁘게 꾸며주는 **형용사** (adjective)

사람, 동물, 사물의 성질이나 상태를 나타냅니다. 문장에서 보어로 쓰이며 명사를 수식하고 부사의 수식을 받습니다.

kind(친절한), small(작은), wise(현명한), many(많은), good(좋은), red(빨간) …

5 동작을 더욱 섬세하게 나타내는 **부사** (adverb)

수식하는 어구나 문장의 뜻을 분명하게 나타내며 동사, 형용사, 다른 부사를 수식하거나 문장 전체를 수식합니다.

very(매우), much(많이), here(여기에), early(일찍), beautifully(아름답게) …

6 명사보다 한 발 앞서나가는 **전치사** (preposition)

문장 또는 다른 어구와 문법적 관계를 나타내며 명사나 대명사 앞에 놓여 다른 말과의 관계를 나타냅니다.

at(~에서), in(~안에), on(~위에), from(~로 부터), under(~아래에) …

7 말과 말을 서로 연결해 주는 **접속사** (conjunction)

단어와 단어, 구와 구, 문장과 문장을 이어줍니다.

and(그리고), but(그러나), or(또는), so(그래서), because(왜냐하면) …

8 내 감정을 표현하는 **감탄사** (interjection)

기쁨, 슬픔, 화남, 놀라움 등의 감정을 나타내는 말로 감탄사 뒤에는 느낌표(!)를 붙입니다.

oh(오오), ah(아아), hurrah(만세), bravo(브라보) …

이 책의 표기 알아보기

명사 (noun)	명	부사 (adverb)	부
대명사 (pronoun)	대	전치사 (preposition)	전
관사 (article)	관	접속사 (conjunction)	접
동사 (verb)	동	감탄사 (interjection)	감
형용사 (adjective)	형		

apple

erase

egg

off

parents

StArT

tree

open

to

school

DAY 01 / WEEK 1 /

001 **a / an**
[ə 어] / [ən 언]
관 하나의

a / an

for **a** week 1주간

002 **about**
[əˈbaʊt 어바우트]
전 ~에 대하여

about

know **about** her 그녀에 대해 알다

003 **across**
[əˈkrɔːs 어크로오스]
전 부 ~건너편에, ~을 가로질러

across

run **across** the street 거리를 가로질러 달리다

004 **act**
[ækt 액트]
명 행동 동 행하다

act

an **act** of kindness 친절한 행동

005 **address**
[əˈdres 어드레스]
명 주소

address

e-mail **address** 전자 우편 주소

006 **afraid**
[əˈfreɪd 어프레이드]
형 두려워하는

afraid

be **afraid** of snakes 뱀을 두려워하다

007 **after**
[æftə(r) 애프터(ㄹ)]
전 부 ~후에

after

the day **after** 그 다음 날

008 **afternoon**
[æftərnuːn 애프터ㄹ누운]
명 오후

afternoon

on Monday **afternoon** 월요일 오후에

009 **again**
[əˈgen 어겐]
부 다시, 또

again

once **again** 다시 한 번

010 **age**
[eɪdʒ 에이쥐]
명 나이

age

at the **age** of ten 열 살 때에

✔ 빈 칸에 단어를 넣어 문장을 완성해 보세요.

- I need ☐ pencil.

  나는 연필 하나가 필요하다.

- This book is ☐ animals.

  이 책은 동물에 대한 내용이다.

- The supermarket is ☐ the street.

  슈퍼마켓은 길 건너편에 있다.

- The boy ☐ like a baby.

  그 소년은 아기처럼 행동했다.

- I know her ☐.

  나는 그녀의 주소를 안다.

- Don't be ☐.

  두려워하지 마.

- July comes ☐ June.

  7월은 6월 다음에 온다.

- It is a nice Sunday ☐.

  화창한 일요일 오후다.

- She is crying ☐.

  그녀는 또다시 울고 있다.

- She is your ☐.

  그녀는 너와 나이가 같다.

011 **ago**
[əˈgoʊ 어고우]
(부) 이전에

ago

fifty years **ago** 50년 전에

012 **air**
[eə(r) 에어(ㄹ)]
(명) 공기

air

fresh **air** 신선한 공기

013 **airport**
[ˈeəpɔːt 에어포오트]
(명) 공항

airport

meet at the **airport** 공항에서 만나다

014 **album**
[ˈælbəm 앨범]
(명) 앨범

album

a photo **album** 사진첩

015 **all**
[ɔːl 오올]
(형) 모두의 (대) 모든 것, 모두

all

all boys 모든 소년들

016 **along**
[əˈlɔːŋ 어로옹]
(전) (부) ~을 따라서

along

walk **along** the street 길을 따라 걷다

017 **always**
[ˈɔːlweɪz 오올웨이즈]
(부) 항상

always

always late 항상 늦다

018 **among**
[əˈmʌŋ 어멍]
(전) ~사이에

among

a house **among** the trees 나무들 사이의 집

019 **and**
[ænd 앤드]
(접) 그리고

and

stick-**and**-carrot 채찍과 당근

020 **angry**
[ˈæŋgri 앵그리]
(형) 화난

angry

be **angry** with me 나에게 화가 나 있다

✔ 빈 칸에 단어를 넣어 문장을 완성해 보세요.

- My birthday was two days [　　　].

  내 생일은 이틀 전이었다.

- We can't live without [　　　].

  우리는 공기 없이 살 수 없다.

- The plane is in an [　　　].

  비행기가 공항에 있다.

- I bought a stamp [　　　].

  나는 우표 앨범을 샀다.

- We are [　　] six.

  우리는 모두 여섯 명이다.

- They are walking [　　　] the beach.

  그들은 해변을 따라 걷고 있다.

- She is [　　　] late.

  그녀는 항상 늦는다.

- He is popular [　　　] the students.

  그는 학생들 사이에 인기가 있다.

- The car is old [　　] dirty.

  그 차는 오래되고 지저분하다.

- Andy is [　　　].

  앤디는 화가 났다.

15

DAY 03

021 **animal**
['ænɪml 애니믈]
몡 동물

animal

a wild **animal** 야생 동물

022 **answer**
[ænsə(r) 앤써(ㄹ)]
몡 대답 통 대답하다

answer

a perfect **answer** 완벽한 대답

023 **any**
['eni 에니]
혱 어떤, 아무런

any

any people 어떤 사람

024 **apartment**
[əpɑːrtmənt 어파아ㄹ트먼트]
몡 아파트

apartment

a new **apartment** 새 아파트

025 **apple**
['æpl 애플]
몡 사과

apple

choose an **apple** 사과를 고르다

026 **arm**
[ɑːrm 아ㄹ암]
몡 팔

arm

make a long **arm** 팔을 쭉 뻗다

027 **around**
[ə'raʊnd 어롸운드]
젠 튐 ~주위에

around

set **around** the fire 불 주위에 둘러앉다

028 **arrive**
[ə'raɪv 어롸이브]
통 도착하다

arrive

arrive at a village 마을에 도착하다

029 **as**
[æz 애즈]
젠 젭 ~로서, ~만큼

as

as a friend 친구로서

030 **ask**
[æsk 애스크]
통 묻다

ask

ask about me 나에 관해 묻다

✔ 빈 칸에 단어를 넣어 문장을 완성해 보세요.

- What's your favorite [   ] ?

  가장 좋아하는 동물은 무엇이니?

- He [   ] .

  그가 대답했어.

- Bill doesn't have [   ] questions.

  빌은 아무 질문도 없어.

- My [   ] is on the fifth floor.

  내 아파트는 5층에 있다.

- This is a delicious [   ] .

  이건 맛있는 사과야.

- His [   ] is long.

  그의 팔은 길다.

- Bees are flying [   ] the flowers.

  벌들이 꽃 주변을 날고 있다.

- He alway [   ] first.

  그는 항상 첫 번째로 도착해요.

- I respect her [   ] my teacher.

  나는 선생님으로서 그녀를 존경한다.

- Can I [   ] you a question?

  뭐 물어봐도 돼요?

031	**at** [æt 애트] 웹 ~에	at arrive **at** the station 정거장에 도착하다
032	**aunt** [ænt 앤트] 웹 아주머니, 이모, 고모	aunt his **aunt** 그의 고모
033	**autumn** [ˈɔːtəm 오오텀] 웹 가을 (= fall)	autumn a calm **autumn** day 어느 고요한 가을날
034	**away** [əˈweɪ 어웨이] 웹 (~로부터) 떨어져	away a ship far **away** 멀리 떨어진 배
035	**baby** [ˈbeɪbi 베이비] 웹 아기	baby a smile at a **baby** 아기에게 미소 짓다
036	**back** [bæk 백] 웹 등, 뒤쪽 웹 뒤의 웹 뒤로	back **back** and forth 앞뒤로
037	**bad** [bæd 배드] 웹 나쁜	bad **bad** news 나쁜 소식
038	**bag** [bæg 백] 웹 가방	bag put into a **bag** 가방에 넣다
039	**ball** [bɔːl 보올] 웹 공	ball throw a **ball** 공을 던지다
040	**balloon** [bəˈluːn 벌루운] 웹 풍선	balloon blow up a **balloon** 풍선을 불다

빈 칸에 단어를 넣어 문장을 완성해 보세요.

- She is [   ] the front door.

  그녀는 현관에 있다.

- This is my [   ].

  이 분은 제 이모예요.

- Leaves fall in [   ].

  가을에는 낙엽이 진다.

- He lives two blocks [   ] from here.

  그는 여기서 두 블록 떨어진 곳에 산다.

- Jim is my [   ].

  짐은 제 아기예요.

- He scratched his [   ].

  그는 등을 긁었다.

- He is a [   ] monster.

  그는 나쁜 괴물이에요.

- The dog is in the [   ].

  개가 가방 안에 있다.

- That is my new [   ].

  저건 나의 새 공이에요.

- Andy's [   ] is long.

  앤디의 풍선은 길다.

DAY 05 / WEEK 1 /

041	**banana** [bəˈnænə 버내너] 몡 바나나	banana a bunch of **bananas** 바나나 한 송이
042	**band** [bænd 밴드] 몡 끈, 밴드, 악단	band listen to the **band** playing 악단이 연주하는 것을 듣다
043	**bank** [bæŋk 뱅크] 몡 은행	bank work at a **bank** 은행에서 일하다
044	**base** [beɪs 베이스] 몡 기초	base a solid **base** 탄탄한 기초
045	**basket** [bæskɪt 배스킷] 몡 바구니	basket carry a **basket** 바구니를 나르다
046	**bath** [bæθ 배쓰] 몡 목욕	bath take a **bath** everyday 매일 목욕하다
047	**be** [bi 비] 동 ~이다, ~있다	be **be** on guard 경비를 서고 있다
048	**beach** [biːtʃ 비이취] 몡 해변, 바닷가	beach play on the **beach** 해변에서 놀다
049	**bear** [ber 베어ㄹ] 몡 곰	bear a black **bear** 흑곰
050	**beautiful** [ˈbjuːtɪfl 뷰우티플] 혱 아름다운	beautiful a **beautiful** girl 아름다운 소녀

빈 칸에 단어를 넣어 문장을 완성해 보세요.

- This [＿＿＿＿] is short.

  이 바나나는 짧아.

- I want to join the [＿＿＿＿].

  나는 밴드에 가입하고 싶다.

- The [＿＿＿＿] is closed today.

  오늘은 은행이 문을 닫았어요.

- The [＿＿＿＿] of a building is cement.

  건물의 토대는 시멘트이다.

- The [＿＿＿＿] is empty.

  바구니가 비어 있다.

- Bill needs a [＿＿＿＿].

  빌은 목욕할 필요가 있다.

- He'll [＿＿] waiting for us.

  그가 우리를 기다리고 있을 거야.

- They went to the [＿＿＿＿].

  그들은 바닷가에 갔다.

- The teddy [＿＿＿＿] is very small.

  장난감 곰이 매우 작다.

- Snow White is [＿＿＿＿].

  백설공주는 아름다워요.

Practice Test / WEEK 1 /

A 다음 각 영어 단어의 뜻을 우리말로 써 보세요.

1 act _____   **2** afternoon _____

3 always _____   **4** answer _____

5 bank _____   **6** beach _____

B 다음 우리말 뜻에 해당하는 영어 단어를 써 보세요.

1 나이 _____   **2** 화난 _____

3 도착하다 _____   **4** 묻다 _____

5 나쁜 _____   **6** 목욕 _____

C 다음 그림에 해당하는 영어 단어를 연결해 보세요.

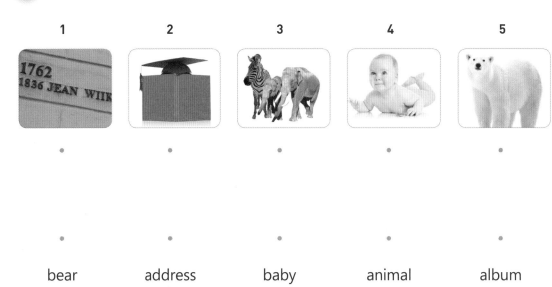

| 1 | 2 | 3 | 4 | 5 |

bear   address   baby   animal   album

D 다음 보기에서 우리말 뜻에 해당하는 영어 단어를 찾아 써 보세요.

any	beautiful	bag	airport	about
beach	after	autumn	aunt	band

1 공항 _____

2 아름다운 _____

3 가을 _____

4 ~에 대하여 _____

5 아주머니 _____

6 가방 _____

E 우리말에 맞도록 빈칸에 알맞은 말을 쓰세요.

1 나는 연필 하나가 필요하다.   I need _____ pencil.

2 우리는 모두 여섯 명이다.   We are _____ six.

3 그의 팔은 길다.   His _____ is long.

4 그녀는 현관에 있다.   She is _____ the front door.

5 앤디의 풍선은 길다.   Andy's _____ is long.

F 다음 영어를 우리말로 옮기세요.

1 He is popular among the students. _____

2 The car is old and dirty. _____

3 Bees are flying around the flowers. _____

4 He scratched his back. _____

5 This banana is short. _____

051	**because** [bɪ'kɔːz 비코오즈] 젭 ~때문에	because **because** it rained 비가 왔기 때문에
052	**become** [bɪ'kʌm 비컴] 동 ~이 되다	become **become** a doctor 의사가 되다
053	**bed** [bed 베드] 명 침대	bed sleep on a **bed** 침대에서 자다
054	**before** [bɪ'fɔː(r) 비포오(ㄹ)] 전 부 ~전에	before **before** sunrise 해가 뜨기 전에
055	**begin** [bɪ'gɪn 비긴] 동 시작하다	begin **begin** a test 시험을 시작하다
056	**behind** [bɪ'haɪnd 비하인드] 전 부 ~뒤에	behind hide **behind** the door 문 뒤에 숨다
057	**bell** [bel 벨] 명 종, 벨	bell ring a **bell** 종이 울리다
058	**below** [bɪ'loʊ 빌로우] 전 부 ~아래에	below fall **below** zero 0도 이하로 떨어지다
059	**bench** [bentʃ 벤취] 명 긴 의자, 벤치	bench a **bench** in the park 공원의 벤치
060	**beside** [bɪ'saɪd 비싸이드] 전 부 ~옆에	beside sit down **beside** me 내 옆에 앉다

✔ 빈 칸에 단어를 넣어 문장을 완성해 보세요.

- I didn't go outside [   ] it was raining.

  비가 와서 밖에 나가지 않았다.

- I want to [   ] a doctor.

  나는 의사가 되고 싶다.

- The coat is on the [   ].

  코트가 침대 위에 있다.

- Wash your hands [   ] lunch.

  점심 먹기 전에 손을 씻어라.

- School [   ] at 9 a.m.

  학교는 오전 9시에 시작한다.

- The boy is [   ] the tree.

  소년이 나무 뒤에 있다.

- The [   ] is ringing.

  종이 울린다.

- See [   ].

  아래를 참고하세요.

- The boy is sitting on the [   ].

  소년이 벤치에 앉아 있다.

- Ally is [   ] the desk.

  앨리는 책상 옆에 있다.

061	**between** [bɪˈtwiːn 비트위인] (전)(부) ~사이에	between a secret **between** you and me 너와 나 사이의 비밀
062	**bicycle** [ˈbaɪsɪkl 바이씨클] (명) 자전거 (= bike)	bicycle ride a **bicycle** 자전거를 타다
063	**big** [bɪg 빅] (형) 큰	big a **big** boy (몸집이) 큰 소년
064	**bird** [bɜːrd 버어ㄹ드] (명) 새	bird fly a **bird** 새가 날다
065	**birthday** [bɜːrθdeɪ 버어ㄹ쓰데이] (명) 생일	birthday my fifteenth **birthday** 나의 15번째 생일
066	**black** [blæk 블랙] (명) 검정 (형) 검정색의	black **black** smoke 검은 연기
067	**blow** [bloʊ 블로우] (동) 불다	blow **blow** hard 세게 불다
068	**blue** [bluː 블루우] (명) 파랑 (형) 파란색의	blue a **blue** ocean 푸른 바다
069	**board** [bɔːrd 보오ㄹ드] (명) 판자, 게시판	board electronic notice **boards** 전자게시판
070	**boat** [boʊt 보우트] (명) 배	boat get in a **boat** 배를 타다

빈 칸에 단어를 넣어 문장을 완성해 보세요.

- Henry is [   ] the trees.

  헨리는 나무들 사이에 있다.

- Riding a [   ] is my hobby.

  자전거 타기는 내 취미이다.

- This is a [   ] stone.

  이건 커다란 돌이네.

- A [   ] is flying above the tree.

  새가 나무 위를 날고 있다.

- Happy [   ], Bill!

  생일 축하해, 빌!

- She has [   ] hair.

  그녀의 머리카락은 검다.

- Suddenly the wind [   ].

  갑자기 바람이 분다.

- The sky is [   ].

  하늘이 파랗다.

- It's a kind of [   ] game.

  그것은 일종의 판을 이용하는 놀이다.

- There is a [   ] on the lake.

  호수 위에 배 한 척이 있다.

DAY 03

071	**body** [ˈbɑːdi 바아디] 몡 몸	body in **body** and mind 몸과 마음으로
072	**book** [bʊk 북] 몡 책	book write a **book** 책을 쓰다
073	**bottle** [ˈbɑːtl 바아틀] 몡 병	bottle a **bottle** of milk 우유 한 병
074	**bowl** [boʊl 보울] 몡 사발, 공기	bowl a **bowl** of rice 밥 한 공기
075	**box** [bɑːks 바악쓰] 몡 상자	box a light **box** 가벼운 상자
076	**boy** [bɔɪ 보이] 몡 소년	boy a **boy** student 남학생
077	**bread** [bred 브레드] 몡 빵	bread corn **bread** 옥수수빵
078	**break** [breɪk 브레이크] 통 깨뜨리다, 부수다	break **break** a cup 컵을 깨뜨리다
079	**breakfast** [ˈbrekfəst 블렉풔스트] 몡 아침식사	breakfast after **breakfast** 아침식사 후
080	**bridge** [brɪdʒ 브리쥐] 몡 다리	bridge go across a **bridge** 다리를 건너다

✔ 빈 칸에 단어를 넣어 문장을 완성해 보세요.

- Wash your ⬚.

  몸을 닦아라.

- Ally is reading a ⬚.

  앨리는 책을 읽고 있다.

- These ⬚ are empty.

  이 병들은 비었다.

- Put eggs in a ⬚.

  사발에 계란을 넣어라.

- There is a pen in the ⬚.

  상자 안에 펜이 있다.

- The ⬚ is watching TV.

  소년은 TV를 보고 있다.

- Mom is baking the ⬚.

  엄마가 빵을 굽는다.

- He didn't ⬚ your glass.

  그는 네 유리를 깨지 않았다.

- I had a good ⬚.

  나는 아침을 맛있게 먹었다.

- Cross the ⬚.

  다리를 건너시오.

DAY 04

081 **bright**
[braɪt 브라이트]
(형) 밝은

bright

a **bright** star 빛나는 별

082 **bring**
[brɪŋ 브링]
(동) 가져오다, 데려오다

bring

bring umbrella 우산을 가져오다

083 **brother**
[ˈbrʌðə(r) 브러더(ㄹ)]
(명) 남자 형제, 형, 남동생

brother

a blood **brother** 피를 나눈 형제

084 **brown**
[braʊn 브라운]
(명) 갈색 (형) 갈색의

brown

dark **brown** color 진한 갈색

085 **brush**
[brʌʃ 브러쉬]
(명) 붓, 빗 (동) 붓질[빗질]하다

brush

paint with a **brush** 붓으로 페인트를 칠하다

086 **build**
[bɪld 빌드]
(동) 짓다, 건축하다

build

build a house 집을 짓다

087 **burn**
[bɜːrn 버어ㄹ언]
(동) 불타다

burn

burn paper 종이를 태우다

088 **bus**
[bʌs 버스]
(명) 버스

bus

a **bus** stop 버스 정류장

089 **busy**
[ˈbɪzi 비지]
(형) 바쁜

busy

a **busy** day 바쁜 하루

090 **but**
[bʌt 벗]
(접) 그러나

but

a cheap **but** good camera 싸지만 좋은 카메라

✔ 빈 칸에 단어를 넣어 문장을 완성해 보세요.

- The moon is ☐ tonight.

  오늘 밤 달이 밝다.

- ☐ me a cup of tea.

  차 한 잔만 갖다 줘.

- Bill is my ☐.

  빌은 내 동생이다.

- His hair is ☐.

  그의 머리는 갈색이다.

- A dog is being ☐.

  개를 빗질해주고 있다.

- Henry ☐ a house.

  헨리는 집을 짓는다.

- The steaks were ☐.

  스테이크가 다 타버렸다.

- They are in the ☐.

  그들은 버스 안에 있다.

- She is very ☐.

  그녀는 매우 바쁘다.

- I'd like to, ☐ I can't.

  가고 싶은데, 안 돼.

091	**butter** ['bʌtə(r) 버터(ㄹ)] 명 버터	butter peanut **butter** 땅콩 버터
092	**button** ['bʌtn 버튼] 명 단추, 버튼	button press a **button** 버튼을 누르다
093	**buy** [baɪ 바이] 동 사다	buy **buy** a necktie for my dad 아빠를 위해 넥타이를 사다
094	**by** [baɪ 바이] 전 부 ~옆에	by stand **by** the gate 문 옆에 서다
095	**bye** [baɪ 바이] 감 안녕 〈헤어질 때의 인사〉	bye say good-**bye** 작별하다
096	**calendar** ['kælɪndə(r) 캘린더(ㄹ)] 명 달력	calender hang a **calendar** 달력을 걸다
097	**cake** [keɪk 케이크] 명 케이크	cake a **cake** especially decorated 특별 장식을 한 케이크
098	**call** [kɔːl 코오올] 동 부르다, 전화하다	call **call** a name 이름을 부르다
099	**camera** ['kæmərə 캐머러] 명 사진기, 카메라	camera an old **camera** 오래된 카메라
100	**camp** [kæmp 캠프] 명 캠프장, 야영지	camp a ski-**camp** 스키 캠프장

빈 칸에 단어를 넣어 문장을 완성해 보세요.

- Spread [ ] on the bread.

  빵에 버터를 발라라.

- She sewed a [ ] on a coat.

  그녀는 코트에 단추를 달았다.

- I want to [ ] a melon.

  멜론을 사고 싶다.

- Ally is [ ] the fence.

  앨리는 담장 옆에 있다.

- Good [ ]. See you tomorrow.

  안녕, 내일 만나자.

- Andy is hanging up a [ ].

  앤디는 달력을 걸고 있다.

- Jenny is making a [ ].

  제니는 케이크를 만들고 있다.

- He gave me a [ ].

  그가 나에게 전화했다.

- The [ ] is on the bed.

  사진기가 침대 위에 있다.

- There is a [ ] near the forest.

  숲 가까이에 캠프장이 있다.

Practice Test / WEEK 2 /

1 다음 각 영어 단어의 뜻을 우리말로 써 보세요.

1 before _____   2 bird _____

3 bottle _____   4 break _____

5 bust _____   6 call _____

2 다음 우리말 뜻에 해당하는 영어 단어를 써 보세요.

1 시작하다 _____   2 검정 _____

3 짓다 _____   4 그러나 _____

5 단추 _____   6 캠프장 _____

3 다음 그림에 해당하는 영어 단어를 연결해 보세요.

| 1 | 2 | 3 | 4 | 5 |

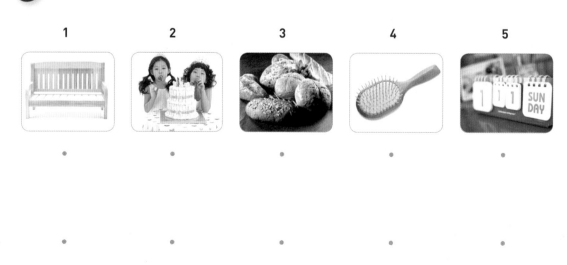

calendar   brush   bench   bread   birthday

4 다음 보기에서 우리말 뜻에 해당하는 영어 단어를 찾아 써 보세요.

become	board	box	beside	between
bicycle	behind	bridge	brown	buy

1 다리 _____ **2** ~뒤에 _____

3 판자 _____ **4** 자전거 _____

5 ~이 되다 _____ **6** 갈색 _____

5 우리말에 맞도록 빈칸에 알맞은 말을 쓰세요.

1 종이 울린다. The _____ is ringing.

2 헨리는 나무들 사이에 있다. Henry is _____ the trees.

3 호수 위에 배 한 척이 있다. There is a _____ on the lake.

4 나는 아침을 맛있게 먹었다. I had a good _____ .

5 그녀는 매우 바쁘다. She is very _____ .

6 다음 영어를 우리말로 옮기세요.

1 I want to become a doctor. _____

2 This is a big stone. _____

3 The moon is bright tonight. _____

4 The steaks were burned. _____

5 The camera is on the bed. _____

101	**can** [kæn 캔] ⑲ 깡통, 캔 ⑧ ~할 수 있다	can an empty **can** 빈 깡통
102	**candle** ['kændl 캔들] ⑲ 양초	candle light a **candle** 초에 불을 켜다
103	**candy** ['kændi 캔디] ⑲ 사탕	candy be fond of **candy** 사탕을 좋아하다
104	**cap** [kæp 캡] ⑲ (야구) 모자	cap a baseball **cap** 야구모자
105	**capital** ['kæpɪtl 캐피틀] ⑲ 수도, 대문자 ⑱ 주요한	capital the **capital** of Korea 한국의 수도
106	**captain** ['kæptɪn 캡틴] ⑲ 우두머리, 주장	captain the **captain** of our team 우리팀 주장
107	**car** [kɑː(r) 카아(ㄹ)] ⑲ 자동차	car a sleeping **car** 침대차
108	**card** [kɑːrd 카아ㄹ드] ⑲ 카드	card a birthday **card** 생일 카드
109	**care** [keə(r) 케어(ㄹ)] ⑲ 걱정, 주의, 돌봄	care the **care** of a baby 아기를 돌보다
110	**carry** ['kæri 캐리] ⑧ 운반하다	carry **carry** a box 상자를 나르다

빈 칸에 단어를 넣어 문장을 완성해 보세요.

- You [   ] come to Korea.

  너는 한국에 올 수 있어.

- We need three [   ].

  우리는 초 세 개가 필요해요.

- Bill loves this [   ].

  빌은 이 사탕을 너무 좋아한다.

- How much is this [   ]?

  이 모자 얼마에요?

- Seoul is the [   ] of Korea.

  서울은 한국의 수도이다.

- She is the [   ] of the team.

  그녀는 그 팀의 주장이다.

- The [   ] is nice.

  그 차는 멋있다.

- She has a lot of [   ].

  그녀는 많은 카드를 가지고 있다.

- Take [   ] of yourself.

  몸조심해.

- He always [   ] a camera.

  그는 항상 사진기를 갖고 다닌다.

37

DAY 02

/ WEEK 3 /

111 **case**
[keɪs 케이스]
몡 상자, 경우

case

in this **case** 이 경우에는

112 **cassette**
[kəˈset 커세트]
몡 카세트

cassette

a blank **cassette** tape 빈 카세트 테이프

113 **cat**
[kæt 캣]
몡 고양이

cat

bell the **cat** 고양이 목에 방울을 달다

114 **catch**
[kætʃ 캐취]
동 잡다

catch

catch the ball 공을 잡다

115 **ceiling**
[ˈsiːlɪŋ 씨이링]
몡 천장

ceiling

a fly on the **ceiling** 천장의 파리

116 **center**
[séntər 쎈터ㄹ]
몡 중앙

center

the **center** of a city 도시의 중심

117 **chair**
[tʃer 췌어ㄹ]
몡 의자

chair

have a **chair** 의자에 앉다

118 **chalk**
[tʃɔːk 초오크]
몡 분필

chalk

a white **chalk** 하얀 분필

119 **chance**
[tʃæns 챈스]
몡 기회

chance

a good **chance** 좋은 기회

120 **change**
[tʃeɪndʒ 췌인쥐]
동 바꾸다 몡 잔돈

change

change the rules 규칙을 바꾸다

38

- This is a jewel [ ].

  이것은 보석 상자예요.

- I have a [ ] recorder.

  나는 카세트 녹음기가 있다.

- The [ ] is fat.

  그 고양이는 뚱뚱하다.

- Let's [ ] him.

  그를 붙잡자.

- This room has a low [ ].

  이 방은 천장이 낮다.

- The vase is in the [ ] of the table.

  꽃병은 탁자 중앙에 있다.

- The dog is on the [ ].

  개가 의자 위에 있다.

- I need a piece of [ ].

  분필 한 개가 필요하다.

- I will give you one more [ ].

  한 번 더 기회를 줄게.

- Keep your [ ].

  잔돈 가지세요.

DAY 03

121	**cheap** [tʃiːp 취이프] 혱 (값이) 싼	cheap a **cheap** dress 싼 옷
122	**cheese** [tʃiːz 취이즈] 몡 치즈	cheese bread and **cheese** 치즈를 곁들인 빵
123	**chicken** ['tʃɪkɪn 취킨] 몡 닭	chicken a roast **chicken** 통닭구이
124	**child** [tʃaɪld 촤일드] 몡 어린이	child a little **child** 어린 아이
125	**chopstick** [tʃɑːpstɪk 촤압스틱] 몡 젓가락	chopstick pick up with **chopsticks** 젓가락으로 집어 들다
126	**church** [tʃɜːrtʃ 춰어ㄹ취] 몡 교회	church go to **church** 교회에 가다
127	**circle** ['sɜːrkl 써어ㄹ클] 몡 원	circle sit in a **circle** 빙 둘러앉다
128	**city** ['sɪti 씨티] 몡 도시	city a big **city** 큰 도시
129	**class** [klæs 클래스] 몡 교실, 수업	class a math **class** 수학 수업
130	**classmate** [klæsmeɪt 클래스메이트] 몡 반친구	classmate **classmates** in elementary school 초등학교 반친구

✔ 빈 칸에 단어를 넣어 문장을 완성해 보세요.

- The computer is ⬚ .

  컴퓨터가 싸다.

- Andy is eating some ⬚ .

  앤디는 치즈를 먹고 있다.

- How much is the ⬚ ?

  닭은 얼마입니까?

- I'm looking for a ⬚ .

  나는 아이를 찾고 있다.

- I usually use ⬚ .

  나는 대개 젓가락을 사용한다.

- I go to ⬚ with my family.

  나는 가족들과 교회에 가.

- Draw a ⬚ .

  원을 그리시오.

- Is that ⬚ your hometown?

  그 도시가 고향이세요?

- Bill's ⬚ is studying about animals.

  빌네 반은 동물에 관한 수업을 하고 있다.

- He's my ⬚ .

  그는 나의 반친구이다.

131	**clean** [kli:n 클리인] 휑 깨끗한 통 청소하다	clean **clean** a room 방을 깨끗이 하다
132	**climb** [klaɪm 클라임] 통 오르다	climb **climb** a mountain 산을 오르다
133	**clock** [klɑ:k 클라악] 명 시계	clock an alarm **clock** 자명종 시계
134	**close** [kloʊs 클로우스] / [kloʊz 클로우즈] 휑 가까운 / 통 닫다	close a **close** friend 친한 친구 / **close** a door 문을 닫다
135	**clothes** [kloʊ(ð)z 클로우(드)즈] 명 옷	clothes put on **clothes** 옷을 입다
136	**cloud** [klaʊd 클라우드] 명 구름	cloud a white **cloud** 하얀 구름
137	**club** [klʌb 클럽] 명 동아리, 모임	club join a **club** 모임에 입회하다
138	**coat** [koʊt 코우트] 명 코트	coat a warm **coat** 따뜻한 코트
139	**coffee** [kɔ:fi 코오퓌] 명 커피	coffee a cup of **coffee** 커피 한 잔
140	**coin** [kɔɪn 코인] 명 동전	coin **coin** changer 동전 교환기

✔ 빈 칸에 단어를 넣어 문장을 완성해 보세요.

- The wall is ☐ .

  벽이 깨끗하다.

- Monkeys ☐ well.

  원숭이는 나무에 잘 오른다.

- The ☐ has stopped.

  시계가 멈췄다.

- The fox follows ☐ behind. / ☐ the door, please.

  여우가 바싹 뒤쫓아 와요. / 문을 닫아 주세요.

- He is making ☐ .

  그는 옷을 만들고 있다.

- The ☐ hid the sun.

  구름이 태양을 가렸다.

- I joined the tennis ☐ .

  나는 테니스 모임에 가입했다.

- He is wearing a black ☐ .

  그는 까만 코트를 입고 있다.

- Don't drink ☐ .

  커피를 마시지 마라.

- My hobby is to collect ☐ .

  내 취미는 동전 모으기야.

DAY 05

| 141 | **cold**
[koʊld 코울드]
(형) 추운, 찬 | cold

a **cold** drink 차가운 음료 |

| 142 | **color**
[ˈkʌlə(r) 컬러(ㄹ)]
(명) 색 | color

a dark **color** 어두운 색 |

| 143 | **come**
[kʌm 컴]
(동) 오다 | come

come to see me 나를 만나러 오다 |

| 144 | **computer**
[kəmˈpjuːtə(r) 컴퓨우터(ㄹ)]
(명) 컴퓨터 | computer

a **computer** game 컴퓨터 게임 |

| 145 | **cook**
[kʊk 쿡]
(명) 요리사 (동) 요리하다 | cook

a head **cook** 주방장 |

| 146 | **cool**
[kuːl 쿠우울]
(형) 시원한 | cool

cool water 시원한 물 |

| 147 | **copy**
[ˈkɑːpi 카아피]
(명) 사본 (동) 베끼다 | copy

copy the book 책을 베끼다 |

| 148 | **corner**
[kɔːrnə(r) 코오너(ㄹ)]
(명) 모서리, 모퉁이 | corner

building on the **corner** 모퉁이의 빌딩 |

| 149 | **count**
[kaʊnt 카운트]
(동) 세다, 계산하다 | count

count to ten 10까지 세다 |

| 150 | **country**
[ˈkʌntri 컨트리]
(명) 지역, 나라, 시골 | country

live in the **country** 시골에서 살다 |

- It's [_____]!

  차가워요!

- I like blue [_____].

  나는 푸른색을 좋아한다.

- [_____] to my birthday party.

  내 생일 파티에 와.

- He is playing a [_____] game.

  그는 컴퓨터 게임을 하고 있다.

- Andy is a [_____].

  앤디는 요리사예요.

- It's getting [_____].

  선선해지고 있다.

- [_____] this page.

  이 페이지를 베껴라.

- Bill stood on the [_____].

  빌은 모퉁이에 서 있었다.

- Let's [_____] from one to ten.

  1부터 10까지 세어 보자.

- Russia is a big [_____].

  러시아는 큰 나라이다.

Practice Test / WEEK 3 /

1 다음 각 영어 단어의 뜻을 우리말로 써 보세요.

1 can _____ 2 catch _____

3 classmate _____ 4 cloud _____

5 come _____ 6 count _____

2 다음 우리말 뜻에 해당하는 영어 단어를 써 보세요.

1 수도 _____ 2 천장 _____

3 젓가락 _____ 4 가까운 _____

5 시원한 _____ 6 모서리 _____

3 다음 그림에 해당하는 영어 단어를 연결해 보세요.

| 1 | 2 | 3 | 4 | 5 |

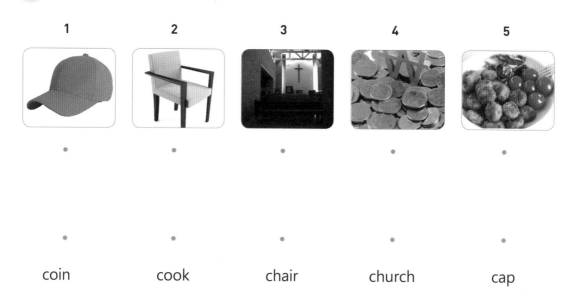

coin   cook   chair   church   cap

4 다음 보기에서 우리말 뜻에 해당하는 영어 단어를 찾아 써 보세요.

candle	captain	carry	center	chance
chicken	clean	clothes	club	copy

1 중앙 _____ 　　2 옷 _____

3 양초 _____ 　　4 깨끗한 _____

5 기회 _____ 　　6 운반하다 _____

5 우리말에 맞도록 빈칸에 알맞은 말을 쓰세요.

1 이것은 보석 상자예요. 　　This is a jewel _____ .

2 분필 한 개가 필요하다. 　　I need a piece of _____ .

3 컴퓨터가 싸다. 　　The computer is _____ .

4 원을 그리시오. 　　Draw a _____ .

5 나는 푸른색을 좋아한다. 　　I like blue _____ .

6 다음 영어를 우리말로 옮기세요.

1 The car is nice. _____

2 Take care of yourself. _____

3 Keep your change. _____

4 I'm looking for a child. _____

5 Monkeys climb well. _____

DAY 01

151	**course** [kɔːrs 코오ㄹ스] ⑲ 진로, 과정	course change the **course** 진로를 바꾸다
152	**cousin** [ˈkʌzn 커즌] ⑲ 사촌	cousin a distant **cousin** 먼 사촌
153	**cover** [ˈkʌvə(r) 커버(ㄹ)] ⑧ 덮다	cover **cover** a table with a tablecloth 탁자를 탁자보로 덮다
154	**cow** [kaʊ 카우] ⑲ 젖소, 암소	cow raise a **cow** 소를 먹이다
155	**crayon** [ˈkreɪən 크레이언] ⑲ 크레용	crayon draw with **crayons** 크레용으로 그리다
156	**cream** [kriːm 크리임] ⑲ 크림	cream chocolate **creams** 초콜릿 크림
157	**cross** [krɔːs 크로오스] ⑲ 십자가 ⑧ 가로지르다	cross **cross** the street 길을 가로지르다
158	**cry** [kraɪ 크라이] ⑧ 울다	cry **cry** for joy 기뻐서 울다
159	**cup** [kʌp 컵] ⑲ 컵	cup a paper **cup** 종이컵
160	**curtain** [ˈkɜːrtn 커어ㄹ튼] ⑲ 커튼	curtain a shower **curtain** 욕실 커튼

✔ 빈 칸에 단어를 넣어 문장을 완성해 보세요.

- I plan to take a computer ☐.

  컴퓨터 과정을 들을 계획이야.

- This is my ☐.

  이 분은 제 사촌이에요.

- ☐ the child with a blanket.

  아이에게 담요를 덮어 주어라.

- The ☐ jumps over the fence.

  젖소가 울타리를 뛰어넘는다.

- Ally draws with ☐.

  앨리는 크레용으로 그림을 그린다.

- I like ☐ color.

  나는 크림색이 좋다.

- He made the sign of the ☐.

  그는 십자 표시를 했다.

- The infant began to ☐.

  그 아기는 울기 시작했다.

- There are ☐ on the table.

  탁자 위에 컵이 몇 개 있다.

- Bill is opening the ☐.

  빌은 커튼을 열고 있다.

161	**cut** [kʌt 컷] ⑧ 베다, 자르다	cut a deep **cut** 깊게 베인 상처
162	**dad** [dæd 대드] ⑲ 아빠, 아버지 (= daddy)	dad mom and **dad** 엄마와 아빠
163	**dance** [dæns 댄스] ⑧ 춤추다	dance **dance** to the music 음악에 맞춰 춤추다
164	**danger** ['deɪndʒə(r) 데인줘(ㄹ)] ⑲ 위험 ⑲ 위험한	danger a lot of **danger** 많은 위험
165	**dark** [dɑːrk 다아크] ⑲ 어두운	dark a **dark** night 어두운 밤
166	**date** [deɪt 데이트] ⑲ 날짜	date fix the **date** 날짜를 정하다
167	**daughter** ['dɔːtə(r) 도오터(ㄹ)] ⑲ 딸	daughter an only **daughter** 외동딸
168	**day** [deɪ 데이] ⑲ 낮, 하루	day a rainy **day** 비오는 날
169	**dead** [ded 데드] ⑲ 죽은	dead play **dead** 죽은 체하다
170	**deep** [diːp 디입] ⑲ 깊은	deep **deep** in the forest 깊은 숲 속에

✔ 빈 칸에 단어를 넣어 문장을 완성해 보세요.

- I had my hair [   ].

  머리카락을 잘랐다.

- This man is Jenny's [   ].

  이 남자는 제니의 아빠예요.

- Bill likes to [   ].

  빌은 춤추는 걸 좋아해요.

- He is in [   ].

  그는 위험하다.

- It is already [   ].

  날이 벌써 어두워졌다.

- What [   ] is it today?

  오늘은 며칠이니?

- She is Mr. Brown's [   ].

  그녀는 브라운 씨의 딸입니다.

- He stayed at home all [   ].

  그는 하루 종일 집에 있었다.

- He was found [   ].

  그는 죽어 있었다.

- The sea is very [   ].

  바다는 굉장히 깊다.

171	**deer** [dɪə(r) 디어(ㄹ)] 몡 사슴	deer a herd of **deer** 사슴 한 무리
172	**desk** [desk 데스크] 몡 책상	desk study at a **desk** 책상에서 공부하다
173	**dial** [ˈdaɪəl 다이얼] 몡 글자판, 다이얼	dial turn a **dial** 다이얼을 돌리다
174	**diary** [ˈdaɪəri 다이어리] 몡 일기	diary write a **diary** 일기를 쓰다
175	**dictionary** [dɪkʃəneri 딕셔네리] 몡 사전	dictionary an English-Korean **dictionary** 영한사전
176	**die** [daɪ 다이] 동 죽다	die **die** young 젊어서 죽다
177	**dinner** [ˈdɪnə(r) 디너(ㄹ)] 몡 저녁식사, 정찬	dinner invite to **dinner** 저녁식사에 초대하다
178	**dirty** [ˈdɜːrti 더어ㄹ티] 혱 더러운	dirty a **dirty** face 더러운 얼굴
179	**dish** [dɪʃ 디쉬] 몡 접시	dish a **dish** of meat 고기 한 접시
180	**do** [duː 두우] 동 하다	do **do** one's homework 숙제를 하다

✔ 빈 칸에 단어를 넣어 문장을 완성해 보세요.

- The [   ] is in the forest.

  사슴이 숲속에 있다.

- The dog is under the [   ].

  개가 책상 아래 있다.

- Turn the [   ] of the radio.

  라디오의 다이얼을 돌려라.

- I keep a [   ] everyday.

  나는 매일 일기를 쓴다.

- The [   ] sells well.

  그 사전은 잘 팔린다.

- Man must [   ].

  인간은 반드시 죽는다.

- [   ] is ready.

  식사 준비가 되었다.

- The dog is [   ].

  개가 지저분하다.

- [   ] are in the kitchen.

  접시는 부엌에 있다.

- [   ] your best.

  최선을 다해라.

DAY 04

| 181 | **doctor**
[dɑːktə(r) 다악터(ㄹ)]
® 의사 | doctor

consult the **doctor** 의사의 진찰을 받다 |

| 182 | **dog**
[dɔːg 도오그]
® 개 | dog

a clever **dog** 영리한 개 |

| 183 | **doll**
[dɑːl 다아알]
® 인형 | doll

buy a **doll** 인형을 사다 |

| 184 | **dollar**
[dɑːlə(r) 다아알러(ㄹ)]
® 달러 | dollar

spend one hundred **dollars** 100달러를 쓰다 |

| 185 | **dolphin**
[dɑːlfɪn 다아알퓐]
® 돌고래 | dolphin

a bright **dolphin** 영리한 돌고래 |

| 186 | **door**
[dɔː(r) 도오(ㄹ)]
® 문 | door

lock a **door** 문을 잠그다 |

| 187 | **down**
[daʊn 다운]
ⓟ 아래로 | down

go **down** a hill 언덕을 내려가다 |

| 188 | **draw**
[drɔː 드로오]
⑧ 그리다, 당기다 | draw

draw the curtain 커튼을 치다 |

| 189 | **dream**
[driːm 드리임]
® 꿈 ⑧ 꿈꾸다 | dream

a wonderful **dream** 멋진 꿈 |

| 190 | **dress**
[dres 드레스]
® 의복, 드레스 ⑧ 옷을 입히다 | dress

a white **dress** 흰색 드레스 |

✔ 빈 칸에 단어를 넣어 문장을 완성해 보세요.

- He is a [____].
  그는 의사예요.

- The [____] is barking.
  개가 짖고 있다.

- Ally has a new [____].
  앨리는 새 인형을 갖고 있어요.

- It is ten [____].
  그건 10달러입니다.

- I like [____].
  나는 돌고래를 좋아해요.

- Push the [____].
  문을 미세요.

- Don't look [____].
  아래를 내려다보지 말아요.

- Let's [____] the pig.
  돼지를 그리자.

- His [____] came true.
  그의 꿈이 실현되었다.

- This [____] is nice.
  이 드레스는 멋있어.

DAY 05 / WEEK 4 /

191	**drink** [drɪŋk 드링크] 동 마시다	drink **drink** a cup of coffee 커피를 한 잔 마시다
192	**drive** [draɪv 드라이브] 동 운전하다	drive **drive** a car 자동차를 운전하다
193	**drop** [drɑːp 드라압] 명 (물)방울 동 떨어뜨리다	drop **drop** the price 값이 떨어지다
194	**drum** [drʌm 드럼] 명 북	drum beat a **drum** 북을 치다
195	**dry** [draɪ 드라이] 형 건조한 동 말리다	dry **dry** air 건조한 공기
196	**duck** [dʌk 덕] 명 오리	duck **ducks** quack 오리가 꽥꽥 울다
197	**ear** [ɪə(r) 이어(ㄹ)] 명 귀	ear pick one's **ears** 귀를 후비다
198	**early** ['ɜːrli 어어ㄹ리] 형 이른 부 일찍	early get up **early** 일찍 일어나다
199	**earth** [ɜːrθ 어어ㄹ쓰] 명 지구, 땅	earth live on the **earth** 지구에 살다
200	**east** [iːst 이이스트] 명 동쪽 형 동쪽의	east **east** of the city 도시의 동쪽에

56

✔ 빈 칸에 단어를 넣어 문장을 완성해 보세요.

- ⬚ lots of water.

  물을 많이 마셔요.

- They enjoyed a ⬚.

  그들은 드라이브를 즐겼다.

- I ⬚ my wallet somewhere.

  나는 어디선가 지갑을 떨어뜨렸다.

- He is playing a ⬚.

  그는 북을 치고 있다.

- My hands are ⬚ now.

  이제 손이 다 말랐어요.

- This ⬚ is cute.

  이 오리는 귀엽다.

- Rabbits have big ⬚.

  토끼는 귀가 크다.

- I get up ⬚.

  나는 일찍 일어난다.

- The ⬚ is round.

  지구는 둥글다.

- The sun rises in the ⬚.

  해는 동쪽에서 뜬다.

Practice Test

1 다음 각 영어 단어의 뜻을 우리말로 써 보세요.

1 course _____   **2** dead _____

3 diary _____   **4** doll _____

5 dream _____   **6** east _____

2 다음 우리말 뜻에 해당하는 영어 단어를 써 보세요.

1 사촌 _____   **2** 위험 _____

3 접시 _____   **4** 그리다 _____

5 오리 _____   **6** 이른 _____

3 다음 그림에 해당하는 영어 단어를 연결해 보세요.

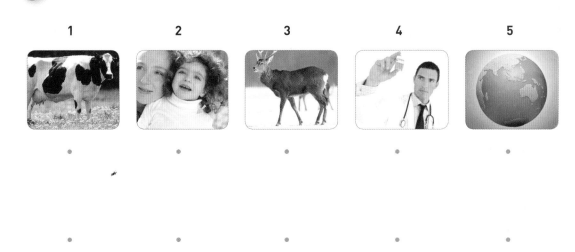

| 1 | 2 | 3 | 4 | 5 |

doctor   deer   earth   cow   daughter

4 다음 보기에서 우리말 뜻에 해당하는 영어 단어를 찾아 써 보세요.

cover	cream	cut	day	deep
dictionary	dinner	down	drink	dry

1 베다 _____   **2** 하루 _____

3 저녁식사 _____   **4** 덮다 _____

5 마시다 _____   **6** 사전 _____

5 우리말에 맞도록 빈칸에 알맞은 말을 쓰세요.

1 아이에게 담요를 덮어 주어라.   _____ the child with a blanket.

2 날이 벌써 어두워졌다.   It is already _____ .

3 개가 지저분하다.   The dog is _____ .

4 나는 돌고래를 좋아해요.   I like _____ .

5 그들은 드라이브를 즐겼다.   They enjoyed a _____ .

6 다음 영어를 우리말로 옮기세요.

1 The infant began to cry.   _____

2 What date is it today?   _____

3 Do your best.   _____

4 The sea is very deep.   _____

6 Rabbits have big ears.   _____

201 **easy** [ˈiːzi 이이지] 형 쉬운	easy an **easy** book 쉬운 책
202 **eat** [iːt 이이트] 동 먹다	eat **eat** breakfast 아침을 먹다
203 **egg** [eg 에그] 명 계란	egg boil an **egg** 계란을 삶다
204 **empty** [ˈempti 엠티] 형 빈 동 비우다	empty an **empty** box 빈 상자
205 **end** [end 엔드] 명 끝 동 끝내다	end the **end** of the story 이야기의 끝
206 **engine** [ˈendʒɪn 엔쥔] 명 기관, 엔진	engine a steam **engine** 증기 기관
207 **enjoy** [ɪnˈdʒɔɪ 인조이] 동 즐기다	enjoy **enjoy** a game 게임을 즐기다
208 **enough** [ɪˈnʌf 이너프] 형 충분한 부 충분히	enough **enough** food 충분한 음식
209 **erase** [ɪˈreɪs 이레이스] 동 지우다	erase **erase** pencil marks 연필 표시를 지우다
210 **evening** [ˈiːvnɪŋ 이이브닝] 명 저녁	evening early in the **evening** 저녁 일찍

✔ 빈 칸에 단어를 넣어 문장을 완성해 보세요.

- The work is ⬚ .

  그 일은 쉽다.

- It's time to ⬚ .

  밥 먹을 시간이에요.

- This is a bad ⬚ .

  이것은 상한 계란이다.

- The room was ⬚ .

  그 방은 비어 있었다.

- The ⬚ of the movie was fine.

  영화의 결말은 괜찮았다.

- The ⬚ died.

  엔진이 멈췄다.

- ⬚ yourself!

  재미있게 지내요!

- Take ⬚ vitamin C.

  비타민 C를 충분히 섭취해요.

- I ⬚ a blackboard.

  나는 칠판을 지웠다.

- Good ⬚ .

  안녕하세요. 〈저녁인사〉

211	**every** ['evri 에브리] 혱 모든, 모두의	every once **every** two years 2년마다 한 번씩
212	**example** [ɪgzæmpl 이그잼플] 몡 예, 보기	example show an **example** 예를 보이다
213	**excellent** ['eksələnt 엑설런트] 혱 우수한	excellent an **excellent** meal 훌륭한 식사
214	**excite** [ɪk'saɪt 익싸이트] 동 흥분시키다	excite **excite** oneself 흥분하다
215	**excuse** [ɪk'skjuːs 익스큐우스] 몡 변명, 구실 동 용서하다	excuse a perfect **excuse** 완벽한 변명
216	**exercise** [eksərsaɪz 엑써ㄹ싸이즈] 몡 운동, 연습 동 운동하다	exercise hard **exercise** 힘든 연습
217	**eye** [aɪ 아이] 몡 눈	eye sharp **eyes** 예리한 눈
218	**face** [feɪs 페이스] 몡 얼굴	face a round **face** 둥근 얼굴
219	**fact** [fækt 팩트] 몡 사실	fact tell the **fact** 사실을 말하다
220	**fair** [feə(r) 페어(ㄹ)] 혱 아름다운, 공정한	fair a **fair** manner 공정한 태도

- [   ] morning the sun rises.

  매일 아침 해가 떠오른다.

- Here is an [   ].

  여기에 보기가 하나 있다.

- He is an [   ] musician.

  그는 뛰어난 음악가이다.

- It was an [   ] game.

  흥미진진한 경기였다.

- That's no [   ].

  그건 변명거리가 안 돼요.

- Jogging is good [   ].

  조깅은 좋은 운동이다.

- Fox hurt his [   ].

  여우는 눈을 다쳤어요.

- I wash my [   ].

  나는 얼굴을 씻는다.

- That's the [   ].

  그것이 사실이다.

- His judgment is [   ].

  그의 판결은 공정하다.

221	**fall** [fɔːl 포올] 몡 가을 됭 떨어지다	fall **fall** to the ground 땅에 떨어지다
222	**family** [ˈfæməli 패멀리] 몡 가족	family a **family** of five 5인 가족
223	**far** [fɑː(r) 퐈아(ㄹ)] 묀 멀리	far not **far** from here 여기서 멀지 않다
224	**farm** [fɑːrm 퐈아ㄹ암] 몡 농장	farm a fruit **farm** 과수원
225	**fast** [fæst 패스트] 혱 빠른 묀 빨리	fast run very **fast** 매우 빨리 달리다
226	**fat** [fæt 팻] 혱 살찐	fat a **fat** pig 살찐 돼지
227	**famous** [ˈfeɪməs 풰이머스] 혱 유명한	famous **famous** pictures 유명한 그림
228	**father** [ˈfɑːðə(r) 퐈아더(ㄹ)] 몡 아버지	father **father's** love 아버지의 사랑
229	**feel** [fiːl 퓌이일] 됭 느끼다	feel **feel** a pain 통증을 느끼다
230	**few** [fjuː 퓨우] 혱 거의 없는	few a **few** apples 적은 사과

✔ 빈 칸에 단어를 넣어 문장을 완성해 보세요.

- Dew [   ].

  이슬이 내리다.

- That is my [   ].

  저 사람들은 제 가족이에요.

- He lives [   ] from here.

  그는 여기서 멀리 떨어져 산다.

- He works on the [   ].

  그는 농장에서 일한다.

- That car is [   ].

  저 차는 빨라.

- The boy is [   ].

  소년은 뚱뚱하다.

- He is a [   ] actor.

  그는 유명한 배우다.

- My [   ] is an engineer.

  아버지는 기술자이셔.

- She [   ] cold.

  그녀는 춥다고 느껴요.

- There were [   ] people in the classroom.

  교실에는 사람들이 거의 없었다.

231	**field** [fiːld 퓌일드] 명 들판, 경기장	field play in the green **field** 풀밭에서 놀다
232	**fight** [faɪt 퐈이트] 명 싸움 동 싸우다	fight **fight** the enemy 적과 싸우다
233	**fill** [fɪl 퓔] 동 채우다	fill **fill** a glass 잔을 채우다
234	**film** [fɪlm 퓔름] 명 영화, 필름	film a color **film** 컬러 필름
235	**find** [faɪnd 퐈인드] 동 찾다	find **find** the book 책을 찾다
236	**fine** [faɪn 퐈인] 형 좋은, 훌륭한	fine a **fine** view 좋은 경치
237	**finger** [ˈfɪŋgə(r) 퓡거(ㄹ)] 명 손가락	finger long **fingers** 긴 손가락
238	**finish** [ˈfɪnɪʃ 퓌니쉬] 동 끝내다	finish **finish** one's homework 숙제를 끝내다
239	**fire** [ˈfaɪə(r) 퐈이어(ㄹ)] 명 불	fire light a **fire** 불을 피우다
240	**fish** [fɪʃ 퓌쉬] 명 물고기 동 낚시하다	fish catch a **fish** 물고기를 잡다

- The farmer works in the ⬚.

  농부가 들에서 일한다.

- The ⬚ is not over yet.

  싸움은 아직 끝나지 않았다.

- ⬚ in the blanks.

  빈 칸을 채우시오.

- We saw a ⬚ about dogs.

  우리는 개에 관한 영화를 봤다.

- Did you ⬚ your wallet?

  지갑 찾았어요?

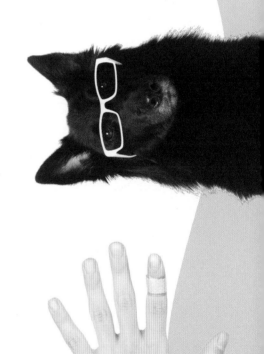

- That's ⬚.

  좋습니다.

- My ⬚ still hurts.

  손가락이 아직도 아프다.

- I'm almost ⬚.

  거의 끝났어.

- A ⬚ broke out.

  불이 났다.

- Some ⬚ can fly.

  어떤 물고기는 날 수 있다.

DAY 05

241	**fix** [fɪks 픽스] 동 고치다, 고정시키다

fix

fix a clock to the wall 벽에 시계를 걸다

242	**flag** [flæg 플래그] 명 기, 깃발

flag

put up a **flag** 깃발을 걸다

243	**floor** [flɔː(r) 플로오(ㄹ)] 명 마룻바닥

floor

sweep a **floor** 바닥을 쓸다

244	**flower** ['flaʊə(r) 플라우어(ㄹ)] 명 꽃

flower

a **flower** garden 화원

245	**fly** [flaɪ 플라이] 명 파리 동 날다

fly

fly in the sky 하늘을 날다

246	**follow** ['fɑːloʊ 파알로우] 동 ~의 뒤를 따르다

follow

follow the man 그 남자를 따라가다

247	**food** [fuːd 푸우드] 명 음식

food

delicious **food** 맛있는 음식

248	**fool** [fuːl 푸우울] 명 바보

fool

a stupid **fool** 어리석은 바보

249	**foot** [fʊt 풋] 명 발

foot

step on **foot** 발을 밟다

250	**for** [fɔː(r) 포오(ㄹ)] 전 ~을 위하여, ~을 향해, ~동안

for

start **for** London 런던을 향해 출발하다

빈 칸에 단어를 넣어 문장을 완성해 보세요.

- My dad is going to ☐ my chair.
  아빠가 내 의자를 고쳐 줄 것이다.

- Taegeukgi is our national ☐.
  태극기는 우리 국기이다.

- The forks are on the ☐.
  포크가 바닥에 있다.

- The ☐ died at night.
  그 꽃은 밤새 시들어버렸다.

- We can ☐ to the moon!
  우린 달까지 날아갈 수 있어!

- ☐ me!
  날 따라와!

- Kimchi is a Korean traditional ☐.
  김치는 한국 전통 음식이다.

- He is not a ☐.
  그는 바보가 아니다.

- A ☐ has five toes.
  발에는 발가락 5개가 있어요.

- What are the tips ☐?
  무엇을 위한 정보인가요?

Practice Test

1 다음 각 영어 단어의 뜻을 우리말로 써 보세요.

1 easy _____   **2** excellent _____

3 feel _____   **4** find _____

5 fix _____   **6** fool _____

2 다음 우리말 뜻에 해당하는 영어 단어를 써 보세요.

1 즐기다 _____   **2** 운동 _____

3 사실 _____   **4** 농장 _____

5 채우다 _____   **6** 음식 _____

3 다음 그림에 해당하는 영어 단어를 연결해 보세요.

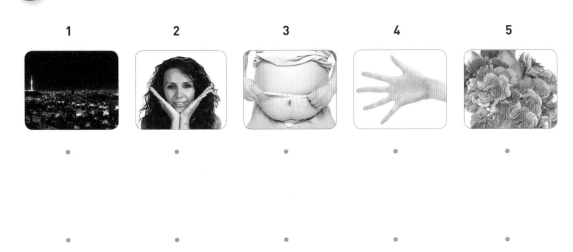

| 1 | 2 | 3 | 4 | 5 |

fat　　　　finger　　　　face　　　　flower　　　　evening

4 다음 보기에서 우리말 뜻에 해당하는 영어 단어를 찾아 써 보세요.

eat	erase	excuse	fair	far
few	fight	fly	foot	for

1 변명 _____

2 멀리 _____

3 싸움 _____

4 먹다 _____

5 발 _____

6 날다 _____

5 우리말에 맞도록 빈칸에 알맞은 말을 쓰세요.

1 이것은 상한 계란이다.   This is a bad _____ .

2 매일 아침 태양이 떠오른다.   _____ morning the sun rises.

3 저 사람들은 제 가족이에요.   That is my _____ .

4 손가락이 아직도 아프다.   My _____ still hurts.

5 태극기는 우리 국기이다.   Taegeukgi is our national _____ .

6 다음 영어를 우리말로 옮기세요.

1 The room was empty.   _____

2 It was an exciting game.   _____

3 He works on the farm.   _____

4 I'm almost finished.   _____

5 Follow me!   _____

251	**forget** [fərget 풔겟] ⑧ 잊다	*forget* **forget** a name 이름을 잊어버리다
252	**fork** [fɔːrk 포오ㄹ크] ⑲ 포크	*fork* eat with a **fork** 포크로 먹다
253	**free** [friː 프리이] ⑲ 자유로운	*free* **free** time 자유 시간
254	**fresh** [freʃ 프레쉬] ⑲ 새로운, 신선한	*fresh* a **fresh** vegetable 신선한 야채
255	**friend** [frend 프렌드] ⑲ 친구	*friend* a **friend** of mine 나의 친구
256	**from** [frʌm 프럼] ㉠ ~로부터, ~에서	*from* start **from** here 여기서 출발하다
257	**front** [frʌnt 프런트] ⑲ 앞, 정면	*front* the **front** of a house 집의 정면
258	**fruit** [fruːt 프루우트] ⑲ 과일	*fruit* grow **fruit** 과일을 재배하다
259	**full** [fʊl 풀] ⑲ 가득찬	*full* a **full** bus 만원 버스
260	**fun** [fʌn 펀] ⑲ 즐거움 ⑲ 재미있는	*fun* great **fun** 커다란 재미

- Don't [＿＿＿] me.

  나를 잊지 마.

- He bent the [＿＿＿].

  그는 포크를 구부렸다.

- Admission [＿＿＿].

  무료입장.

- [＿＿＿] air is good.

  신선한 공기는 좋다.

- You're a good [＿＿＿].

  너는 좋은 친구야.

- He is [＿＿＿] Korea.

  그는 한국에서 왔다.

- Billy sits in [＿＿＿] of the building.

  빌리가 그 건물 앞에 앉아 있다.

- The sun ripens [＿＿＿].

  햇볕에 과일이 익는다.

- The desk is [＿＿＿] of books.

  그 책상은 책으로 가득하다.

- Have [＿＿＿]!

  재미있게 놀아라!

261	**game** [geɪm 게임] 명 놀이, 경기	game the tennis **game** 테니스 경기
262	**garden** [ˈɡɑːrdn 가아ㄹ든] 명 정원	garden plant a **garden** 정원에 나무를 심다
263	**gas** [ɡæs 개스] 명 가스, 기체	gas light the **gas** 가스에 불을 붙이다
264	**gate** [ɡeɪt 게이트] 명 대문	gate open a **gate** 문을 열다
265	**gentle** [ˈdʒentl 젠틀] 형 점잖은, 상냥한	gentle a **gentle** heart 상냥한 마음
266	**get** [get 겟] 동 얻다	get **get** first prize 1등상을 받다
267	**girl** [ɡɜːrl 거어ㄹ얼] 명 소녀	girl a **girls**' school 여학교
268	**give** [ɡɪv 기브] 동 주다	give **give** her a watch 그녀에게 시계를 주다
269	**glad** [ɡlæd 글래드] 형 기쁜	glad be **glad** to meet her 그녀를 만나서 기쁘다
270	**glass** [ɡlæs 글래스] 명 유리, 컵	glass a **glass** of water 물 한 컵

✔ 빈 칸에 단어를 넣어 문장을 완성해 보세요.

- We finally won the _____.

  우리는 마침내 그 경기를 이겼다.

- Flowers beautify a _____.

  꽃은 정원을 아름답게 한다.

- I can smell _____.

  가스 냄새가 난다.

- The _____ is shut.

  대문이 잠겨 있다.

- She speaks in a _____ tone.

  그녀는 상냥한 어조로 말한다.

- Where did you _____ the book?

  어디서 그 책을 얻었니?

- The _____ delivers newspapers.

  그 소녀는 신문을 배달한다.

- _____ me a coffee.

  커피 한 잔 주세요.

- I am _____ to see you.

  너를 만나서 기쁘다.

- _____ breaks easily.

  유리는 쉽게 깨진다.

75

DAY 03 / WEEK 6 /

271	**glove** [glʌv 글러브] 몡 장갑	*glove* put on **gloves** 장갑을 끼다
272	**go** [goʊ 고우] 동 가다	*go* **go** home 집에 가다
273	**god [God]** [gɑːd 가아드] 몡 신, 하나님	*god* believe in **God** 신을 믿다
274	**gold** [goʊld 고울드] 몡 금	*gold* pure **gold** 순금
275	**good** [gʊd 굿] 혱 좋은, 훌륭한	*good* a **good** dictionary 좋은 사전
276	**grandmother** ['grænmʌðə(r) 그랜머더(ㄹ)] 몡 할머니	*grandmother* my **grandmother**'s wish 내 할머니의 소원
277	**grape** [greɪp 그레이프] 몡 포도	*grape* **grape** juice 포도 주스
278	**grass** [græs 그래스] 몡 풀, 잔디	*grass* cut **grass** 풀을 베다
279	**gray** [gréi 그레이] 몡 회색 혱 회색의	*gray* a **gray** suit 회색 양복
280	**great** [greɪt 그레이트] 혱 큰, 위대한	*great* a **great** animal 큰 동물

76

빈 칸에 단어를 넣어 문장을 완성해 보세요.

- I lost my _____.
  나는 내 장갑을 잃어버렸다.

- _____ straight.
  똑바로 가라.

- _____ bless you!
  당신에게 신의 축복이 있기를 (빕니다)!

- Silence is _____.
  침묵은 금이다.

- Sounds _____.
  좋아.

- _____ sings very well.
  할머니께서는 노래를 아주 잘 부르신다.

- Wine is made from _____.
  포도주는 포도로 만들어진다.

- Keep off the _____.
  잔디밭에 들어가지 마시오.

- My umbrella is _____.
  제 우산은 회색이에요.

- He is a _____ artist.
  그는 위대한 예술가이다.

DAY 04

/ WEEK 6 /

281	**green** [gri:n 그리인] 몡 녹색	green bright **green** 밝은 녹색
282	**ground** [graʊnd 그라운드] 몡 땅, 기초	ground a baseball **ground** 야구장
283	**group** [gru:p 그루웁] 몡 단체, 그룹	group a **group** tour 단체 여행
284	**grow** [groʊ 그로우] 동 성장하다, 자라다	grow **grow** very quickly 매우 빨리 자라다
285	**guitar** [gɪˈtɑː(r) 기타아(ㄹ)] 몡 기타	guitar play the **guitar** 기타를 치다
286	**hair** [heə(r) 헤어(ㄹ)] 몡 머리카락	hair black **hair** 검은 머리
287	**half** [hæf 해프] 몡 반, 2분의 1	half **half** a year 반년
288	**hall** [hɔːl 호올] 몡 회관, 넓은 방	hall a large **hall** 큰 방
289	**hamburger** [hæmbɜːrgər 햄버어ㄹ거ㄹ] 몡 햄버거	hamburger grill a **hamburger** 햄버거를 굽다
290	**hand** [hænd 핸드] 몡 손	hand make by **hand** 손으로 만들다

78

빈 칸에 단어를 넣어 문장을 완성해 보세요.

- The cucumber is [   ].

  오이는 녹색이다.

- The [   ] is very dry.

  땅이 매우 건조하다.

- I started a study [   ].

  난 스터디 그룹을 시작했어.

- Many trees [   ] in the forest.

  많은 나무들이 숲에서 자란다.

- The [   ] has six strings.

  기타는 줄이 여섯 개이다.

- She dyed her [   ].

  그녀는 머리를 염색했다.

- [   ] of 6 is 3.

  6의 반은 30이다.

- The [   ] filled soon.

  그 회관은 곧 가득 찼다.

- Ally ordered two [   ].

  앨리는 햄버거 두 개를 주문했다.

- Raise your [   ].

  손을 들어라.

291	**handle** [ˈhændl 핸들] 몡 핸들, 손잡이	*handle* turn a **handle** 손잡이를 돌리다
292	**happen** [ˈhæpən 해펀] 통 일어나다, 생기다	*happen* **happen** an accident 사고가 일어나다
293	**happy** [ˈhæpi 해피] 혱 행복한	*happy* a **happy** story 행복한 이야기
294	**hard** [hɑːrd 하아ㄹ드] 혱 단단한, 어려운 몦 열심히	*hard* work **hard** 열심히 일하다
295	**hat** [hæt 햇] 몡 모자	*hat* wear a **hat** 모자를 쓰다
296	**hate** [heɪt 헤이트] 통 싫어하다	*hate* **hate** each other 서로 싫어하다
297	**have** [hæv 해브] 통 가지고 있다	*have* **have** a bat 배트를 가지고 있다
298	**he** [hiː 히이] 때 그 몡 남자, 수컷	*he* a **he**-goat 숫염소
299	**head** [hed 헤드] 몡 머리	*head* strike on the **head** 머리를 때리다
300	**hear** [hɪə(r) 히어(ㄹ)] 통 듣다	*hear* **hear** a voice 목소리를 듣다

빈 칸에 단어를 넣어 문장을 완성해 보세요.

- The ⬚ is broken.

  손잡이가 부서졌다.

- Accidents will ⬚.

  사고는 일어나게 마련이다.

- I feel ⬚.

  나는 행복감을 느낀다.

- Iron is ⬚.

  쇠는 단단하다.

- My ⬚ is off.

  모자가 벗어졌다.

- I really ⬚ him.

  나는 그를 정말 싫어한다.

- I ⬚ a backpack.

  나는 배낭을 가지고 있다.

- ⬚ blamed us.

  그는 우리를 비난했다.

- My ⬚ cleared.

  머리가 맑아졌다.

- We ⬚ with our ears.

  우리는 귀로 듣는다.

Practice Test /WEEK 6/

1 다음 각 영어 단어의 뜻을 우리말로 써 보세요.

1 forget	_____	**2** glad	_____
3 gray	_____	**4** grow	_____
5 half	_____	**6** hate	_____

2 다음 우리말 뜻에 해당하는 영어 단어를 써 보세요.

q 새로운	_____	**2** 유리	_____
3 위대한	_____	**4** 단체	_____
5 단단한	_____	**6** 듣다	_____

3 다음 그림에 해당하는 영어 단어를 연결해 보세요.

1	2	3	4	5

gate   hand   head   grandmother   fruit

82

4 다음 보기에서 우리말 뜻에 해당하는 영어 단어를 찾아 써 보세요.

| free | full | garden | god | gold |
| grass | ground | hall | happy | handle |

1 금 _____

2 회관 _____

3 땅 _____

4 자유로운 _____

5 가득찬 _____

6 행복한 _____

5 우리말에 맞도록 빈칸에 알맞은 말을 쓰세요.

1 빌리가 그 건물 앞에 앉아 있다. Billy sits in _____ of the building.

2 재미있게 놀아라! Have _____ !

3 그녀는 상냥한 어조로 말한다. She speaks in a _____ tone.

4 포도는 따기 쉽다. _____ pick easily.

5 오이는 녹색이다. The cucumber is _____ .

6 다음 영어를 우리말로 옮기세요.

1 Fresh air is good. _____

2 We finally won the game. _____

3 Go straight. _____

4 Iron is hard. _____

5 Many trees grow in the forest. _____

DAY 01 / WEEK 7 /

301	**heart** [hɑːrt 하아ㄹ트] 몡 마음, 심장
302	**heavy** [ˈhevi 헤비] 혱 무거운
303	**hello** [həˈloʊ 헐로우] 겹 안녕 〈인사〉, 여보세요 〈전화〉
304	**help** [help 헬프] 몡 도움 통 돕다
305	**hen** [hen 헨] 몡 암탉
306	**here** [hɪə(r) 히어(ㄹ)] 봄 여기에
307	**hi** [haɪ 하이] 겹 안녕 〈만났을 때〉
308	**hide** [haɪd 하이드] 통 숨다
309	**high** [haɪ 하이] 혱 높은
310	**hiking** [ˈhaɪkɪŋ 하이킹] 몡 하이킹, 도보여행

heart
a kind **heart** 친절한 마음씨

heavy
a **heavy** bag 무거운 가방

hello
say **hello** 안부를 전하다

help
help with homework 숙제를 돕다

hen
hens lay eggs 암탉이 알을 낳다

here
come **here** 여기에 오다

hi
Hi there! 어이, 안녕!

hide
hide behind a tree 나무 뒤에 숨다

high
a **high** price 높은 가격

hiking
a **hiking** trail 하이킹 코스

✔ 빈 칸에 단어를 넣어 문장을 완성해 보세요.

- You have a warm [____].

  마음씨가 따뜻하군요.

- It is a [____] stone.

  무거운 돌이군요.

- [____], Henry.

  안녕, 헨리.

- I'll [____] you.

  내가 도와줄게.

- The [____] has three chicks.

  그 암탉에게는 병아리가 세 마리 있다.

- I have many friends [____].

  여기에 많은 친구들이 있다.

- [____], Jenny! You look great.

  안녕, 제니! 좋아 보이는구나.

- The thief is [____].

  도둑이 숨어 있다.

- The mountain is [____].

  산이 높다.

- The man is [____].

  남자가 하이킹을 하고 있다.

DAY 02

/ WEEK 7 /

311 **hill**
[hɪl 힐]
⑲ 언덕

hill

the top of a **hill** 언덕 꼭대기

---

312 **hit**
[hɪt 히트]
⑧ 때리다, 치다

hit

hit a home run 홈런을 치다

---

313 **hold**
[hoʊld 호울드]
⑧ 잡다

hold

hold an arm 팔을 잡다

---

314 **hole**
[hoʊl 호울]
⑲ 구멍

hole

dig a **hole** 구멍을 파다

---

315 **holiday**
[hɒlədeɪ 홀러데이]
⑲ 휴일

holiday

a national **holiday** 국경일

---

316 **home**
[hoʊm 호움]
⑲ 집, 가정 ⑷ 집에, 집으로

home

a happy **home** 행복한 가정

---

317 **hope**
[hoʊp 호우프]
⑲ 희망 ⑧ 바라다

hope

hope to be a teacher 선생님이 되기를 바라다

---

318 **hose**
[hoʊz 호우즈]
⑲ 호스

hose

a garden **hose** 정원용 호스

---

319 **horse**
[hɔːrs 호오르스]
⑲ 말

horse

ride a **horse** 말을 타다

---

320 **hospital**
[hɑːspɪtl 하아스피틀]
⑲ 병원

hospital

go to the **hospital** 병원에 가다

빈 칸에 단어를 넣어 문장을 완성해 보세요.

- There is a big tree on the [   ].

  언덕 위에 커다란 나무 한 그루가 있다.

- My brother [   ] me.

  형이 나를 때렸어.

- [   ] the rope.

  밧줄을 잡아라.

- The dog is digging a [   ].

  그 개는 구멍을 파고 있다.

- Sunday is a [   ].

  일요일은 휴일이다.

- I walked [   ].

  나는 걸어서 집에 갔다.

- Teenagers are our [   ].

  10대는 우리의 희망이다.

- The flower is being [   ] down.

  호스로 꽃에 물을 주고 있다.

- A [   ] likes carrots.

  말은 당근을 좋아한다.

- Henry is in the [   ].

  헨리는 병원에 입원 중이다.

DAY 03

321	**hot** [hɑːt 하아트] 형 뜨거운	hot
		hot coffee 뜨거운 커피

322	**hotel** [hoʊtel 호우텔] 명 호텔	hotel
		stay at a **hotel** 호텔에 묵다

323	**hour** [ˈaʊə(r) 아우어(ㄹ)] 명 시간	hour
		half an **hour** 반시간[30분]

324	**house** [haʊz 하우즈] 명 집	house
		a large **house** 넓은 집

325	**how** [haʊ 하우] 부 어떻게	how
		How come ~? 왜 ~?

326	**hundred** [ˈhʌndrəd 헌드러드] 명 백(100)	hundred
		several **hundred** 몇 백

327	**hungry** [ˈhʌŋgri 헝그리] 형 배고픈	hungry
		be **hungry** all day 하루 종일 굶다

328	**hurry** [ˈhɜːri 허어리] 동 서두르다	hurry
		hurry home 집에 서둘러 가다

329	**hurt** [hɜːrt 허어트] 동 다치게 하다	hurt
		hurt one's feelings ~의 기분을 상하게 하다

330	**I** [aɪ 아이] 대 나	I
		I understand. 알겠습니다.

빈 칸에 단어를 넣어 문장을 완성해 보세요.

- It is [　　　] today.

  오늘 날씨가 더워요.

- Jenny works at a [　　　].

  제니는 호텔에서 일한다.

- I jog for an [　　　] in the morning.

  아침에 1시간 동안 조깅을 한다.

- This [　　　] is ours.

  이 집이 우리 집이에요.

- [　　　] was your weekend?

  주말 어떻게 보냈니?

- I have two [　　　] dollars.

  나에게 200달러가 있다.

- I'm [　　　].

  배고파.

- Don't [　　　].

  서두르지 마.

- I [　　　] my thumb.

  엄지손가락을 다쳤다.

- [　　　] know.

  나도 알아.

DAY 04
/ WEEK 7 /

331	**ice** [aɪs 아이스] 똉 얼음	ice cold **ice** 차가운 얼음
332	**idea** [aɪdiːə 아이디이어] 똉 생각	idea a good **idea** 좋은 생각
333	**if** [ɪf 이프] 쩹 만일 ~라면	if **If** I had wings 만약 나에게 날개가 있다면
334	**ill** [ɪl 일] 휑 아픈	ill be **ill** in bed 아파서 누워 있다
335	**in** [ɪn 인] 쩐 ~안에	in a bird **in** a cage 새장 안의 새
336	**ink** [ɪŋk 잉크] 똉 잉크	ink black **ink** 검정 잉크
337	**interest** [ɪntrəst 인트러스트] 똉 흥미	interest show **interest** in it 그것에 흥미를 보이다
338	**into** [ˈɪntuː 인투우] 쩐 ~안쪽으로	into jump **into** the pool 풀 안으로 뛰어들다
339	**introduce** [ˌɪntrəˈduːs 인트러듀우스] 똉 소개하다	introduce **introduce** my friend 내 친구를 소개하다
340	**island** [ˈaɪlənd 아일런드] 똉 섬	island a small **island** 작은 섬

90

- She slipped on the [   ].

  그녀는 얼음 위에서 미끄러졌다.

- Good [   ].

  좋은 생각이에요.

- [   ] you like her, give this book to her.

  만일 네가 그녀를 좋아한다면, 이 책을 줘라.

- Bill is [   ].

  빌이 아프다.

- The cat wants [   ].

  고양이가 안으로 들어가고 싶어 한다.

- The [   ] bottle is empty.

  잉크병이 비어 있다.

- She's lost [   ] in tennis.

  그녀는 테니스에 대한 흥미를 잃어버렸다.

- They went [   ] the tent.

  그들은 텐트 안으로 들어갔다.

- Let me [   ] myself.

  저를 소개하겠어요.

- Japan is an [   ] country.

  일본은 섬나라이다.

341	**it** [ɪt 잇] 때 그것	it **it**'s me. 그건 나야.
342	**job** [dʒɑ:b 자아압] 명 직업, 일	job finish a **job** 일을 끝내다
343	**join** [dʒɔɪn 조인] 동 가입하다	join **join** the basketball team 농구팀에 가입하다
344	**juice** [dʒuːs 주우스] 명 주스	juice orange **juice** 오렌지 주스
345	**jump** [dʒʌmp 점프] 동 뛰어오르다	jump **jump** into the sea 바다로 뛰어들다
346	**jungle** [ˈdʒʌŋgl 정글] 명 밀림지대, 정글	jungle go into the **jungle** 정글 속으로 들어가다
347	**just** [dʒʌst 저스트] 부 꼭, 바로, 오직, 단지	just **just** half past six 정각 6시 반
348	**keep** [kiːp 키이입] 동 지키다, 견디다	keep **keep** to the right 우측통행하다
349	**key** [ki: 키이] 명 열쇠	key make a **key** 열쇠를 만들다
350	**kick** [kɪk 킥] 동 차다	kick **kick** a ball 공을 차다

✓ 빈 칸에 단어를 넣어 문장을 완성해 보세요.

- _____'s a difficult question.

  그건 어려운 질문이다.

- What's your _____?

  네 직업은 뭐니?

- I want to _____ the band.

  밴드에 가입하고 싶다.

- I ordered a glass of _____.

  나는 주스 한 잔을 주문했다.

- The lion _____ over a stick.

  사자가 막대기를 뛰어넘는다.

- The lion is king of the _____.

  사자는 밀림의 왕이다.

- He is _____ a child.

  그는 단지 아이일 뿐이다.

- _____ your resolution.

  너의 결심을 지켜라.

- I've lost my _____.

  나는 열쇠를 잃어버렸다.

- She _____ him on the knee.

  그녀는 그의 무릎을 걷어찼다.

Practice Test / WEEK 7 /

1 다음 각 영어 단어의 뜻을 우리말로 써 보세요.

1 heart _____ **2** hold _____

3 hundred _____ **4** idea _____

5 join _____ **6** kick _____

2 다음 우리말 뜻에 해당하는 영어 단어를 써 보세요.

1 무거운 _____ **2** 말 _____

3 배고픈 _____ **4** 흥미 _____

5 직업 _____ **6** 지키다 _____

3 다음 그림에 해당하는 영어 단어를 연결해 보세요.

| 1 | 2 | 3 | 4 | 5 |

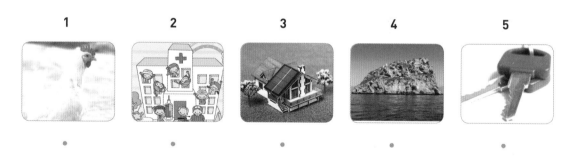

hospital   island   key   hen   house

4 다음 보기에서 우리말 뜻에 해당하는 영어 단어를 찾아 써 보세요.

hello	help	here	hit	hole
hope	hot	hour	hurry	ill

1 때리다 _____

2 여기에 _____

3 도움 _____

4 시간 _____

5 서두르다 _____

6 구멍 _____

5 우리말에 맞도록 빈칸에 알맞은 말을 쓰세요.

1 산이 높다.　　　　　　　　The mountain is _____ .

2 밧줄을 잡아라.　　　　　　_____ the rope.

3 일요일은 휴일이다.　　　　Sunday is a _____ .

4 엄지손가락을 다쳤다.　　　I _____ my thumb.

5 그녀는 얼음 위에서 미끄러졌다.　　She slipped on the _____ .

6 다음 영어를 우리말로 옮기세요.

1 The thief is hiding. _____

2 Good idea. _____

3 Bill is ill. _____

4 Let me introduce myself. _____

5 The lion is king of the jungle. _____

DAY 01

351	**kid** [kɪd 키드] 몡 아이	kid a little **kid** 어린 아이
352	**kill** [kɪl 킬] 통 죽이다	kill **kill** an animal 동물을 죽이다
353	**kind** [kaɪndi 카인드] 몡 종류 혱 친절한	kind a **kind** boy 친절한 소년
354	**king** [kɪŋ 킹] 몡 왕	king the **king** of all animals 모든 동물의 왕
355	**kitchen** [ˈkɪtʃɪn 키췬] 몡 부엌	kitchen cook in the **kitchen** 부엌에서 요리하다
356	**knee** [niː 니이] 몡 무릎	knee bend one's **knees** 무릎을 구부리다
357	**knife** [naɪf 나이프] 몡 칼	knife cut with a **knife** 칼로 자르다
358	**knock** [nɑːk 나아악] 통 두드리다	knock **knock** on the door 문을 두드리다
359	**know** [noʊ 노우] 통 알다	know **know** the fact 사실을 알다
360	**lady** [ˈleɪdi 레이디] 몡 숙녀	lady the first **lady** 대통령 부인[영부인]

빈 칸에 단어를 넣어 문장을 완성해 보세요.

- _____ love these candy bars.

  아이들은 사탕을 너무 좋아한다.

- Don't _____ the deer.

  그 사슴을 죽이지 마라.

- You are so _____.

  정말 친절하시군요.

- The _____ had one princess.

  왕은 한 명의 공주를 두었다.

- Mother is in the _____.

  엄마는 부엌에 계신다.

- I have a pain in my _____.

  무릎이 아프다.

- The _____ is very sharp.

  그 칼은 정말 날카로워요.

- I _____ on the door.

  나는 문을 두드렸다.

- I _____ lots of fun songs.

  난 재미있는 노래를 많이 알아.

- She did like a _____.

  그녀는 숙녀답게 행동했다.

DAY 02 / WEEK 8 /

361	**lake** [leɪk 레이크] 몡 호수	lake

fish in a **lake** 호수에서 낚시하다

362	**lamp** [læmp 램프] 몡 등, 등불	lamp

turn on the **lamp** 등불을 켜다

363	**land** [lænd 랜드] 몡 땅, 육지	land

a **land** animal 육지 동물

364	**large** [lɑːrdʒ 라아르쥐] 휑 큰, 많은	large

a **large** number of people 많은 사람들

365	**last** [læst 래스트] 휑 최후의, 지난	last

the **last** day 마지막 날

366	**late** [leɪt 레이트] 휑 늦은	late

go to bed **late** 늦게 자다

367	**laugh** [læf 래프] 동 웃다	laugh

laugh heartily 실컷 웃다

368	**lead** [liːd 리이드] 동 인도하다, 안내하다	lead

lead her into the room 그녀를 방으로 안내하다

369	**leaf** [liːf 리이프] 몡 잎	leaf

a green **leaf** 푸른 잎

370	**learn** [lɜːrn 러어ㄹ언] 동 배우다	learn

learn how to skate 스케이트를 배우다

빈 칸에 단어를 넣어 문장을 완성해 보세요.

- We drove to the ☐.
  우리는 호수까지 드라이브했다.

- There is a ☐ on the desk.
  책상 위에 등이 있다.

- The ☐ lies high.
  그 땅은 높은 곳에 있다.

- I saw a ☐ mouse.
  큰 쥐를 보았다.

- She left ☐ Sunday.
  그녀는 지난 일요일에 떠났다.

- Henry always comes ☐.
  헨리는 항상 늦게 온다.

- She has a loud ☐.
  그녀는 웃음소리가 크다.

- You ☐, and we'll follow.
  네가 앞장서라. 그러면 우리가 따르겠다.

- This is a four-☐ clover.
  이것은 네 잎 클로버다.

- I want to ☐ English.
  나는 영어를 배우고 싶어.

371	**leave** [liːv 리이브] ⑧ 떠나다, 남기다	leave **leave** home 집을 떠나다
372	**left** [left 레프트] ⑲ 왼쪽 ⑱ 왼쪽의	left turn **left** 왼쪽으로 돌다
373	**leg** [leg 레그] ⑲ 다리	leg the **leg** of a table 책상다리
374	**lesson** ['lesn 레슨] ⑲ 학과, 수업	lesson a piano **lesson** 피아노 수업
375	**let** [let 렛] ⑧ 허락하다	let **let** ~ on a bus 버스에 ~를 태우다
376	**letter** ['letə(r) 레터(ㄹ)] ⑲ 편지, 글자	letter mail a **letter** 편지를 부치다
377	**library** [laɪbreri 라이브레리] ⑲ 도서관	library take a book from a **library** 도서관에서 책을 빌리다
378	**lie** [laɪ 라이] ⑲ 거짓말 ⑧ 거짓말하다, 눕다	lie tell a **lie** 거짓말 하다
379	**light** [laɪt 라이트] ⑲ 빛, 밝기	light a low **light** 약한 불빛
380	**like** [laɪk 라이크] ⑱ ~같은 ⑧ 좋아하다	like **like** fruit 과일을 좋아하다

✔ 빈 칸에 단어를 넣어 문장을 완성해 보세요.

- Bill will [   ] tomorrow.

  빌은 내일 떠날 것이다.

- He writes [   ]-handed.

  그는 왼손으로 쓴다.

- My [   ] pains me.

  난 다리가 아프다.

- I have no [   ] today.

  오늘은 수업이 없다.

- [   ] me go out.

  나가게 허락해 주세요.

- Please mail this [   ].

  이 편지를 부쳐 주세요.

- You should be quiet in the [   ].

  도서관에서는 조용히 해야 한다.

- You must not tell a [   ].

  거짓말을 하면 안 된다.

- Turn on the [   ].

  불을 켜라.

- I [   ] music.

  나는 음악을 좋아한다.

101

381	**line** [laɪn 라인] 몡 선, 줄	line draw a **line** on the paper 종이에 선을 긋다
382	**lion** ['laɪən 라이언] 몡 사자	lion a pride of **lions** 사자 한 무리
383	**lip** [lɪp 립] 몡 입술	lip red **lips** 빨간 입술
384	**list** [lɪst 리스트] 몡 목록	list a **list** of members 회원 명부
385	**listen** ['lɪsn 리슨] 동 듣다	listen **listen** to music 음악을 듣다
386	**little** ['lɪtl 리틀] 혱 작은	little a **little** money 적은 돈
387	**live** [laɪv 라이브] / [lɪv 리브] 혱 생생한 / 동 살다	live a **live** TV show 생방송 TV 쇼 / **live** long 오래 살다
388	**long** [lɔːŋ 로옹] 혱 긴	long a **long** night 긴 밤
389	**look** [lʊk 룩] 동 보다, 바라보다	look **look** at the picture 그림을 보다
390	**lose** [luːz 루우즈] 동 잃다	lose **lose** one's purse 지갑을 잃어 버리다

빈 칸에 단어를 넣어 문장을 완성해 보세요.

- Billy is first in ____.

  빌리는 줄의 맨 앞에 있다.

- The ____ is the symbol of courage.

  사자는 용기의 상징이다.

- She has rosy ____.

  그녀는 장밋빛 입술을 가졌다.

- Henry is writing a long ____.

  헨리는 긴 목록을 작성하고 있다.

- ____ to the bells!

  종소리를 들어 봐요!

- The cat is ____.

  그 고양이는 작다.

- He has ____ eyes. / They ____ in Korea.

  그는 생기있는 눈을 가졌다.   그들은 한국에 산다.

- The snake is ____.

  뱀은 길다.

- You ____ happy.

  너는 행복해 보인다.

- I don't want to ____ you.

  너를 잃고 싶지 않아.

DAY 05 / WEEK 8 /

391	**lot** [lɑːt 라앗] 몡 많음 **뿐** 크게	lot a **lot** of stamps 많은 우표
392	**loud** [laʊd 라우드] 혱 (소리가) 큰	loud a **loud** voice 큰 목소리
393	**love** [lʌv 러브] 몡 사랑 통 사랑하다	love romantic **love** 낭만적인 사랑
394	**low** [loʊ 로우] 혱 낮은 **뿐** 낮게	low a very **low** voice 매우 낮은 목소리
395	**luck** [lʌk 럭] 몡 행운	luck wish one's **luck** 행운을 빌다
396	**lunch** [lʌntʃ 런취] 몡 점심	lunch eat **lunch** 점심을 먹다
397	**ma'am** [mæm 맴] 몡 부인, 아주머니	ma'am Hello, **ma'am**. 안녕하세요, 아주머니.
398	**mad** [mæd 매드] 혱 미친	mad a **mad** man 미치광이
399	**mail** [meɪl 메일] 몡 우편	mail take the **mail** 우편물을 받다
400	**make** [meɪk 메이크] 통 만들다	make **make** a dress 드레스를 만들다

✔ 빈 칸에 단어를 넣어 문장을 완성해 보세요.

- I have a [ ] of money.

  나는 돈을 많이 갖고 있다.

- Don't talk so [ ].

  그렇게 크게 말하지 마라.

- They [ ] each other.

  그들은 서로 사랑한다.

- The wall is [ ].

  그 벽은 낮다.

- Good [ ] to you!

  행운을 빕니다!

- It's time for [ ].

  점심시간이다.

- May I help you, [ ]?

  도와 드릴까요, 아주머니?

- He is quite [ ].

  그는 아주 미쳤다.

- The morning [ ] is late.

  아침 우편배달이 늦다.

- Cows [ ] milk.

  암소들이 우유를 만들어 낸다.

Practice Test

1 다음 각 영어 단어의 뜻을 우리말로 써 보세요.

1 kid _____

2 large _____

3 lesson _____

4 live _____

5 lose _____

6 mad _____

2 다음 우리말 뜻에 해당하는 영어 단어를 써 보세요.

1 두드리다 _____

2 늦은 _____

3 허락하다 _____

4 많음 _____

5 낮은 _____

6 우편 _____

3 다음 그림에 해당하는 영어 단어를 연결해 보세요.

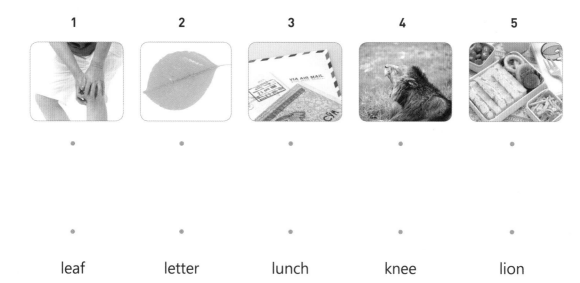

| 1 | 2 | 3 | 4 | 5 |

leaf   letter   lunch   knee   lion

4 다음 보기에서 우리말 뜻에 해당하는 영어 단어를 찾아 써 보세요.

kill	knife	lady	land	laugh
left	library	list	long	make

1 칼 _____

2 땅 _____

3 웃다 _____

4 죽이다 _____

5 도서관 _____

6 목록 _____

5 우리말에 맞도록 빈칸에 알맞은 말을 쓰세요.

1 정말 친절하시군요.   You are so _____ .

2 나는 영어를 배우고 싶다.   I want to _____ English.

3 거짓말을 하면 안 된다.   You must not tell a _____ .

4 저 고양이는 작다.   The cat is _____ .

5 그렇게 크게 말하지 마라.   Don't talk so _____ .

6 다음 영어를 우리말로 옮기세요.

1 The king had one princess.   _____

2 Bill will leave tomorrow.   _____

3 I like music.   _____

4 The snake is long.   _____

5 Good luck to you!   _____

401	**man** [mæn 맨] 몡 남자, 사람	*man* **man**'s heart 남자 마음
402	**many** ['meni 메니] 휑 많은, 다수의	*many* **many** friends 많은 친구들
403	**map** [mæp 맵] 몡 지도	*map* draw a **map** 지도를 그리다
404	**march** [mɑːrtʃ 마아ㄹ취] 몡 3월 (M~), 행진 통 행진하다	*march* **march** through the streets 거리를 행진하다
405	**market** [mɑːrkɪt 마아ㄹ킷] 몡 시장	*market* shop at the **market** 시장에서 물건을 사다
406	**marry** ['mæri 매리] 통 (~와) 결혼하다	*marry* **marry** a beautiful lady 아름다운 여성과 결혼하다
407	**matter** ['mætə(r) 매터(ㄹ)] 몡 문제 통 문제가 되다, 중요하다	*matter* a little **matter** 사소한 문제
408	**may** [meɪ 메이] 몡 5월 (M~) 통 ~일지도 모른다	*may* next **May** 내년 5월
409	**meat** [miːt 미이트] 몡 고기	*meat* cook **meat** 고기를 요리하다
410	**medal** ['medl 메들] 몡 메달, 훈장	*medal* award a **medal** 메달을 수여하다

✔ 빈 칸에 단어를 넣어 문장을 완성해 보세요.

- That ☐ is handsome.
  저 남자는 잘생겼다.

- He has ☐ nephews.
  그는 조카가 많다.

- Henry is looking at a ☐.
  헨리는 지도를 보고 있다.

- He retired last ☐.
  그는 지난 3월에 은퇴했다.

- The ☐ is off.
  시장은 불황이다.

- She doesn't want to ☐.
  그녀는 결혼하고 싶어 하지 않는다.

- I looked over the ☐.
  나는 그 문제를 검토했다.

- It ☐ rain tomorrow.
  내일 비가 올지도 몰라요.

- This ☐ is tough.
  이 고기는 질기다.

- She won three Olympic gold ☐.
  그녀는 올림픽 금메달을 세 개 땄다.

411	**meet** [miːt 미이트] ⑧ 만나다	meet **meet** a friend of mine 내 친구를 만나다
412	**melon** ['melən 멜런] ⑨ 멜론	melon a slice of **melon** 멜론 한 조각
413	**meter** ['miːtə(r) 미이터(ㄹ)] ⑨ 미터	meter run a hundred **meters** 100미터를 달리다
414	**middle** ['mɪdl 미들] ⑨ 중앙, 가운데 ⑱ 중간의	middle the **middle** of the road 도로의 중앙
415	**milk** [mɪlk 밀크] ⑨ 우유	milk fresh **milk** 신선한 우유
416	**million** ['mɪljən 밀리언] ⑨ 100만	million an audience of **millions** 수 백 만 명의 청중
417	**minute** ['mɪnɪt 미니트] ⑨ 분, 순간	minute five **minutes** past three 3시 5분
418	**mirror** ['mɪrə(r) 미러(ㄹ)] ⑨ 거울	mirror look in a **mirror** 거울을 보다
419	**miss** [mɪs 미스] ⑨ ~양(호칭) ⑧ 그리워하다, 놓치다	miss **miss** the chance 기회를 놓치다
420	**model** ['mɑːdl 마아들] ⑨ 모형, 모델	model a new **model** 새로운 모델

✔ 빈 칸에 단어를 넣어 문장을 완성해 보세요.

- We often ☐ .

  우리는 종종 만난다.

- ☐ are juicy and sweet.

  멜론은 즙이 많고 달다.

- The snow is one ☐ deep.

  눈이 1미터나 쌓였다.

- She sat on the ☐ chair.

  그녀는 가운데 의자에 앉았다.

- ☐ is healthy food.

  우유는 건강에 좋은 음식이다.

- Sixty ☐ people live here.

  6천만 명의 사람들이 여기에 산다.

- It takes 15 ☐ on foot.

  걸어서 15분 걸린다.

- I'm looking for a ☐ .

  나는 거울을 찾고 있다.

- ☐ Grace, you are a good tutor.

  그레이스 씨, 당신은 훌륭한 선생님이세요.

- The ☐ is tall and handsome.

  그 모델은 키가 크고 잘생겼다.

DAY 03

421	**mom / mommy** [mɑːm 마암] / [ˈmɑːmi 마아미] 명 엄마	mom/mommy a boy and his **mom** 한 소년과 그의 엄마
422	**money** [ˈmʌni 머니] 명 돈	money have some **money** 약간의 돈을 가지고 있다
423	**monkey** [ˈmʌŋki 멍키] 명 원숭이	monkey a spider **monkey** 거미 원숭이
424	**month** [mʌnθ 먼쓰] 명 달, 월	month last **month** 지난 달
425	**moon** [muːn 무운] 명 달	moon a trip to the **moon** 달 여행
426	**morning** [ˈmɔːrnɪŋ 모오ㄹ닝] 명 아침	morning from **morning** till evening 아침부터 밤까지
427	**mother** [ˈmʌðə(r) 머더(ㄹ)] 명 어머니	mother instead of my **mother** 어머니 대신에
428	**mountain** [ˈmaʊntn 마운튼] 명 산	mountain a high **mountain** 높은 산
429	**mouth** [maʊθ 마우쓰] 명 입	mouth a pretty **mouth** 예쁜 입
430	**move** [muːv 무우브] 동 움직이다	move **move** the table 탁자를 옮기다

✔ 빈 칸에 단어를 넣어 문장을 완성해 보세요.

- I bought a scarf for my _____ .

  엄마를 위해 스카프를 샀다.

- I need more _____ to buy it.

  그것을 사기 위해 돈이 더 필요하다.

- A _____ has a long tail.

  원숭이는 꼬리가 길다.

- There are twelve _____ in a year.

  1년은 12개월이다.

- The _____ is shining brightly.

  달이 밝게 빛나고 있다.

- I get up early every _____ .

  나는 매일 아침 일찍 일어난다.

- My _____ likes flowers.

  내 어머니는 꽃을 좋아한다.

- She got lost in the _____ .

  그녀는 산에서 길을 잃었다.

- Watch your _____ !

  말조심 하세요!

- Don't _____ .

  움직이지 마라.

431	**movie** [ˈmuːvi 무우비] 몡 영화	movie a **movie** star 영화배우
432	**Mr.** [ˈmɪstə(r) 미스터(ㄹ)] 몡 ~씨, 님	Mr. with the help of **Mr.** Kim 김 씨의 도움으로
433	**Mrs.** [ˈmɪsɪz 미씨즈] 몡 ~씨, 부인	Mrs. Mr. and **Mrs.** Kim 김 선생님 부부
434	**much** [mʌtʃ 머취] 혱 많은	much **much** rain 많은 비
435	**music** [ˈmjuːzɪk 뮤우직] 몡 음악	music classical **music** 클래식 음악
436	**must** [mʌst 머스트] 동 ~해야 한다	must needs **must** do 반드시 ~해야 하다
437	**name** [neɪm 네임] 몡 이름	name call one's **name** ~의 이름을 부르다
438	**narrow** [nærouˌ 내로우] 혱 (폭이) 좁은	narrow a **narrow** river 좁은 강
439	**near** [nɪə(r) 니어(ㄹ)] 혱 가까운	near **near** the school 학교 근처에
440	**neck** [nek 넥] 몡 목	neck a short **neck** 짧은 목

빈 칸에 단어를 넣어 문장을 완성해 보세요.

- They are [   ] stars.

  그들은 영화배우이다.

- May I speak to [   ] Kim?

  김 선생님과 통화할 수 있을까요?

- Mr. and [   ] Kim have two sons.

  김 선생님 부부는 아들이 둘 있다.

- Try not to talk too [   ].

  말을 너무 많이 하지 마세요.

- The [   ] sounds sweet.

  음악이 아름답다.

- We [   ] conserve forests.

  우리는 숲을 보존해야 한다.

- She wrote her [   ].

  그녀는 자기의 이름을 썼다.

- The corridor was [   ] and long.

  그 복도는 좁고 길었다.

- His house is very [   ].

  그의 집은 아주 가깝다.

- A giraffe has a long [   ].

  기린의 목은 길다.

DAY 05 　　　　　/ WEEK 9 /

441	**need** [niːd 니이드] 몡 필요 툉 필요하다

need

need a friend 친구가 필요하다

442	**never** [ˈnevə(r) 네버(ㄹ)] 閈 결코 ~않다

never

never tell a lie 결코 거짓말을 하지 않는다

443	**new** [nuː 뉴우] 톙 새로운

new

a **new** address 새로운 주소

444	**news** [nuːz 뉴우즈] 몡 뉴스, 소식

news

good **news** 좋은 소식

445	**next** [nekst 넥스트] 톙 다음의

next

the **next** house 이웃집

446	**nice** [naɪs 나이스] 톙 좋은, 괜찮은

nice

a **nice** song 좋은 노래

447	**night** [naɪt 나이트] 몡 밤

night

late at **night** 밤늦게

448	**no** [noʊ 노우] 閈 아니, 아니오

no

No parking 주차 금지

449	**noise** [nɔɪz 노이즈] 몡 소음

noise

a loud **noise** 큰 소음

450	**north** [nɔːrθ 노오ㄹ쓰] 몡 북쪽 톙 북쪽의

north

north of the city 그 도시의 북쪽에

빈 칸에 단어를 넣어 문장을 완성해 보세요.

- I [   ] a rest.

  나는 휴식이 필요하다.

- He [   ] prayed.

  그는 결코 빌지 않았다.

- Tell me something [   ].

  내게 새로운 얘기를 해 봐.

- That's great [   ].

  그거 대단한 소식인데요.

- The [   ] singer came on.

  다음 가수가 등장했다.

- Have a [   ] day!

  좋은 하루 되세요!

- She bathes every [   ].

  그녀는 매일 밤 목욕한다.

- [   ], thanks.

  아뇨, 괜찮습니다.

- A [   ] alarmed the deer.

  소음이 사슴을 놀라게 했다.

- Seoul is [   ] of Busan.

  서울은 부산의 북쪽에 있다.

Practice Test / WEEK 9 /

1 다음 각 영어 단어의 뜻을 우리말로 써 보세요.

1 man _____ **2** middle _____

3 moon _____ **4** must _____

5 near _____ **6** noise _____

2 다음 우리말 뜻에 해당하는 영어 단어를 써 보세요.

1 3월 _____ **2** 만나다 _____

3 월 _____ **4** 많은 _____

5 좁은 _____ **6** 새로운 _____

3 다음 그림에 해당하는 영어 단어를 연결해 보세요.

1	2	3	4	5

mountain　　music　　map　　night　　mirror

4 다음 보기에서 우리말 뜻에 해당하는 영어 단어를 찾아 써 보세요.

many	million	medal	minute	movie
moon	mouth	neck	next	north

1 달 _____

2 목 _____

3 많은 _____

4 다음의 _____

5 분 _____

6 100만 _____

5 우리말에 맞도록 빈칸에 알맞은 말을 쓰세요.

1 그녀는 결혼하고 싶어 하지 않는다.   She doesn't want to _____ .

2 그 모델은 키가 크고 잘생겼다.   The _____ is tall and handsome.

3 그것을 사기 위해 돈이 더 필요하다.   I need more _____ to buy it.

4 말조심 하세요!   Watch your _____ !

5 나는 휴식이 필요하다.   I _____ a rest.

6 다음 영어를 우리말로 옮기세요.

1 This meat is tough.   _____

2 Milk is healthy food.   _____

3 They are movie stars.   _____

4 That's great news.   _____

5 Seoul is north of Busan.   _____

DAY 01

451 **nose**
[noʊz 노우즈]
몡 코

nose

a long **nose** 긴 코

452 **not**
[nɑːt 나앗]
동 ~아니다, ~않다

not

not always 항상 ~한 것은 아니다

453 **note**
[noʊt 노우트]
몡 공책

note

make a **note** of ~을 공책에 적다

454 **now**
[naʊ 나우]
분 지금, 현재

now

until **now** 지금까지

455 **number**
[ˈnʌmbə(r) 넘버(ㄹ)]
몡 숫자

number

count the **number** of pupils 학생 수를 세다

456 **nurse**
[nɜːrs 너어ㄹ스]
몡 간호사

nurse

a kind **nurse** 친절한 간호사

457 **o'clock**
[əˈklɑːk 어클라악]
몡 ~시 정각

o'clock

the seven **o'clock** train 7시 출발의 기차

458 **of**
[ʌv 어브]
전 ~의

of

a quarter **of** a cake 케이크의 4분의 1

459 **off**
[ɔːf 오오프]
분 떨어져서, 떼어져

off

three miles **off** 3마일 떨어져서

460 **office**
[ɔːfɪs 오오퓌스]
몡 사무실

office

go to the **office** 출근하다

✔ 빈 칸에 단어를 넣어 문장을 완성해 보세요.

- Don't pick your ☐ !

  코를 후비지 마라!

- Wealth is ☐ everything.

  재물이 전부는 아니다.

- I left the ☐ .

  나는 메모를 남겼다.

- I am leaving just ☐ .

  나는 지금 막 떠나려는 참이다.

- Seven is my favorite ☐ .

  7은 내가 좋아하는 숫자이다.

- The ☐ is Korean.

  그 간호사는 한국인이다.

- Meet me at twelve ☐ .

  12시 정각에 만나자.

- What's the title ☐ the song?

  그 노래의 제목이 뭐니?

- The ship stood ☐ .

  배는 먼 곳에 떨어져 있었다.

- Bill works in an ☐ .

  빌은 사무실에서 일한다.

461 **often**
[ɔːfn 오오픈]
(부) 자주, 흔히

often
often come to see me 나를 자주 만나러 오다

462 **oh**
[oʊ 오우]
(감) 오!

oh
Oh dear! 아이고 맙소사!

463 **oil**
[ɔɪl 오일]
(명) 기름, 석유

oil
cooking **oil** 식용유

464 **okay**
[oʊkeɪ 오우케이]
(감) 좋아! (= O.K.)

okay
Okay, okay. 알았어. 알았다니까.

465 **old**
[oʊld 오울드]
(형) 낡은, 늙은

old
an **old** coat 헌옷

466 **on**
[ɒn 온]
(전) ~위에

on
bicycle **on** the road 도로 위의 자전거

467 **once**
[wʌns 원스]
(부) 이전에, 한 번

once
once a week 일주일에 한 번

468 **only**
['oʊnli 오운리]
(형) 유일한 (부) 겨우, 단지

only
eat **only** bread 빵만 먹다

469 **open**
[oʊpən 오우펀]
(형) 열린 (동) 열다

open
an **open** door 열린 문

470 **or**
[ɔː(r) 오어(ㄹ)]
(접) 또는, 혹은

or
summer **or** winter 여름 또는 겨울

- [   ] I miss breakfast.

  나는 자주 아침을 거른다.

- [   ], sorry.

  오, 미안.

- [   ] and water do not mix.

  기름과 물은 섞이지 않는다.

- That's [   ].

  괜찮아요.

- His uniform is [   ].

  그의 제복은 낡았다.

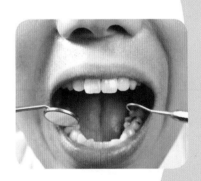

- They are [   ] the table.

  그것들은 탁자 위에 있다.

- She was an actress [   ].

  그녀는 한때 배우였다.

- You are my [   ] friend.

  너는 나의 유일한 친구이다.

- [   ] your mouth.

  입을 벌리세요.

- Cash [   ] charge?

  현금입니까, 카드입니까?

DAY 03

471	**orange** [ɔːrɪndʒ 오오린쥐] 몡 오렌지	orange **orange** peel 오렌지 껍질
472	**other** [ˈʌðə(r) 어더(ㄹ)] 혱 그 밖의, 다른	other **other** day 다른 날
473	**out** [aʊt 아웃] 튀 밖으로	out go **out** 밖으로 나가다
474	**over** [oʊvə(r) 오우버(ㄹ)] 젼 튀 ~위에	over a bridge **over** the river 강 위에 놓인 다리
475	**page** [peɪdʒ 페이쥐] 몡 페이지, 쪽	page turn a **page** 페이지를 넘기다
476	**paint** [peɪnt 페인트] 몡 물감, 페인트 동 칠하다	paint **paint** a wall 벽을 칠하다
477	**pair** [peə(r) 페어(ㄹ)] 몡 짝, 한 쌍	pair a **pair** of shoes 신발 한 켤레
478	**pants** [pænts 팬츠] 몡 바지	pants blue **pants** 청바지
479	**paper** [ˈpeɪpə(r) 페이퍼(ㄹ)] 몡 종이	paper a daily **paper** 일간지
480	**pardon** [ˈpɑːrdn 파아ㄹ든] 몡 용서 동 용서하다	pardon **pardon** one's mistake ~의 잘못을 용서하다

- [   ] are juicy.

  오렌지는 즙이 많다.

- Do you have any [   ] questions?

  다른 질문 있으세요?

- Are you going [   ]?

  밖에 나갈 건가요?

- The balloon is directly [   ].

  기구가 바로 머리 위에 있다.

- We were on [   ] 12.

  12쪽입니다.

- This [   ] comes off easily.

  이 페인트는 쉽게 벗겨진다.

- Where is the [   ] to this earring?

  이 귀고리의 한 짝은 어디 있지?

- Henry is putting on his [   ].

  헨리가 바지를 입고 있다.

- [   ] tears easily.

  종이는 쉽게 찢어진다.

- I will not [   ] you.

  나는 너를 용서하지 않을 거야.

481	**parents** [perənts 페런츠] 똉 부모님	parents respect my **parents** 부모님을 존경하다
482	**park** [pɑːrk 파아ㄹ크] 똉 공원	park walk in a **park** 공원을 걷다
483	**party** ['pɑːrti 파아ㄹ티] 똉 파티	party hold a **party** 파티를 열다
484	**pass** [pæs 패스] 동 지나가다, 통과하다	pass **pass** the exam 시험에 합격하다
485	**pay** [peɪ 페이] 동 지불하다, 지급하다	pay **pay** in cash 현금으로 지불하다
486	**peace** [piːs 피이스] 똉 평화	peace love **peace** 평화를 사랑하다
487	**pear** [peə(r) 페어(ㄹ)] 똉 배 〈과일〉	pear a juicy **pear** 즙이 많은 배
488	**pen** [pen 펜] 똉 펜, 만년필	pen a fountain **pen** 만년필
489	**pencil** ['pensl 펜슬] 똉 연필	pencil write with a **pencil** 연필로 쓰다
490	**people** ['piːpl 피이플] 똉 사람들	people many **people** 많은 사람들

✔️ 빈 칸에 단어를 넣어 문장을 완성해 보세요.

- My ⬜ live in Seoul.

  부모님께서는 서울에 사신다.

- Keep the ⬜ clean.

  공원을 깨끗이 합시다.

- Welcome to our ⬜ !

  우리 파티에 잘 오셨습니다.

- Please ⬜ on.

  지나가십시오.

- Can I ⬜ later?

  나중에 지불해도 될까요?

- They work for the world ⬜ .

  그들은 세계 평화를 위해 일한다.

- These ⬜ are very sweet.

  이 배들은 정말 달다.

- May I use your ⬜ ?

  펜을 써도 되겠습니까?

- I like to draw with a ⬜ .

  나는 연필로 그림 그리는 걸 좋아한다.

- ⬜ drink water everyday.

  사람들은 매일 물을 마신다.

491	**piano** [piˈænoʊ 피애노우] ® 피아노	piano practice at the **piano** 피아노를 연습하다
492	**pick** [pɪk 픽] ⑧ 따다, 뽑다, 찍다	pick **pick** flowers 꽃을 꺾다
493	**picnic** [ˈpɪknɪk 피크닉] ® 소풍	picnic a **picnic** in the park 공원에서의 소풍
494	**picture** [ˈpɪktʃə(r) 픽처(ㄹ)] ® 그림, 사진	picture draw a **picture** 그림을 그리다
495	**piece** [piːs 피이스] ® 조각	piece a **piece** of bread 빵 한 조각
496	**pig** [pɪg 피그] ® 돼지	pig make a **pig** of oneself 돼지같이 먹다
497	**pilot** [ˈpaɪlət 파일럿] ® 조종사	pilot an old **pilot** 나이든 조종사
498	**pin** [pɪn 핀] ® 핀	pin a safety **pin** 안전핀
499	**pine** [paɪn 파인] ® 소나무	pine a **pine** forest 소나무 숲
500	**pink** [pɪŋk 핑크] ® 분홍색 ® 분홍색의	pink a **pink** dress 분홍색 드레스

- I can play the [_____].

  저는 피아노를 칠 수 있어요.

- Grapes [_____] easily.

  포도는 따기 쉽다.

- This is the best place for a [_____].

  이곳이 소풍 장소로 가장 좋아요.

- Jenny likes to draw a [_____].

  제니는 그림 그리는 것을 좋아한다.

- Bill is eating a [_____] of pie.

  빌이 파이 한 조각을 먹고 있다.

- This [_____] is very fat.

  이 돼지는 매우 살이 쪘다.

- I want to become a [_____].

  나는 조종사가 되고 싶다.

- The [_____] scratched my arm.

  나는 핀에 팔이 긁혔다.

- [_____] are green.

  소나무는 푸르다.

- He wore a [_____] shirt.

  그는 분홍색 셔츠를 입었다.

Practice Test /WEEK 10/

1 다음 각 영어 단어의 뜻을 우리말로 써 보세요.

1 nose _____

2 open _____

3 pair _____

4 parents _____

5 people _____

6 picture _____

2 다음 우리말 뜻에 해당하는 영어 단어를 써 보세요.

1 간호사 _____

2 유일한 _____

3 종이 _____

4 지나가다 _____

5 소풍 _____

6 조각 _____

3 다음 그림에 해당하는 영어 단어를 연결해 보세요.

1	2	3	4	5

old   pear   pants   pine   note

4 다음 보기에서 우리말 뜻에 해당하는 영어 단어를 찾아 써 보세요.

| now | number | office | often | other |
| pardon | park | pay | pilot | pick |

1 그 밖의 _____ **2** 숫자 _____

3 지금 _____ **4** 용서 _____

5 지불하다 _____ **6** 조종사 _____

5 우리말에 맞도록 빈칸에 알맞은 말을 쓰세요.

1 12시 정각에 만나자. Meet me at twelve _____ .

2 빌은 사무실에서 일한다. Bill works in an _____ .

3 그녀는 한때 배우였다. She was an actress _____ .

4 공원을 깨끗이 합시다. Keep the _____ clean.

5 포도는 따기 쉽다. Grapes _____ easily.

6 다음 영어를 우리말로 옮기세요.

1 Often I miss breakfast. _____

2 Oil and water do not mix. _____

3 Oranges are juicy. _____

4 May I use your pen? _____

5 This pig is very fat. _____

DAY 01

/ WEEK 11 /

501 **pipe**
[paɪp 파이프]
몡 파이프, 관

pipe

a long **pipe** 긴 파이프

502 **place**
[pleɪs 플레이스]
몡 장소

place

a **place** of meeting 모이는 장소

503 **plan**
[plæn 플랜]
몡 계획

plan

make **plan** 계획을 세우다

504 **plane**
[pleɪn 플레인]
몡 비행기

plane

a passenger **plane** 여객기

505 **plant**
[plænt 플랜트]
몡 식물

plant

a wild **plant** 야생 식물

506 **play**
[pleɪ 플레이]
몡 놀이 통 놀다

play

study and **play** 공부와 놀이

507 **please**
[pliːz 플리이즈]
뷔 부디, 제발 통 기쁘게 하다

please

please highly 크게 만족시키다

508 **pocket**
[pɑːkɪt 파아킷]
몡 주머니

pocket

a pants **pocket** 바지 주머니

509 **point**
[pɔɪnt 포인트]
몡 점, 요점 통 가리키다

point

the **point** of her talk 이야기의 요점

510 **police**
[pəˈliːs 펄리이스]
몡 경찰

police

call a **police** 경찰을 부르다

빈 칸에 단어를 넣어 문장을 완성해 보세요.

- That [ ] leaks gas.

  저 관은 가스가 샌다.

- She lives in a pretty [ ].

  그녀는 아름다운 곳에 산다.

- The [ ] is out.

  그 계획은 실행 불가능하다.

- The [ ] landed safely.

  비행기는 안전하게 착륙했다.

- Henry's [ ] is dying.

  헨리의 식물이 시들고 있다.

- [ ] outside the house.

  집 밖에서 놀아라.

- [ ] forgive me.

  제발 저를 용서하세요.

- The coin is in his [ ].

  동전이 그의 주머니에 있다.

- I agree with him on that [ ].

  나는 그 점에서 그에게 동의한다.

- Jenny is a [ ] officer.

  제니는 경찰관이에요.

511	**pool** [puːl 푸울] 몡 풀장, 웅덩이	pool swim in the **pool** 풀장에서 수영하다
512	**poor** [pʊə(r) 푸어(ㄹ)] 휑 가난한	poor **poor** people 가난한 사람들
513	**post** [poʊst 포우스트] 몡 우편, 기둥	post **post** office 우체국
514	**poster** [poʊstə(r) 포우스터(ㄹ)] 몡 포스터	poster put up a **poster** 포스터를 붙이다
515	**potato** [pəteɪtoʊ 포테이토우] 몡 감자	potato fry **potatoes** 감자를 튀기다
516	**practice** [ˈpræktɪs 프랙티스] 몡 연습 동 연습하다	practice a **practice** game 연습 경기
517	**present** [ˈpreznt 프레즌트] 몡 선물, 현재	present a birthday **present** 생일 선물
518	**pretty** [ˈprɪti 프리티] 휑 예쁜	pretty a **pretty** doll 예쁜 인형
519	**print** [prɪnt 프린트] 동 인쇄하다	print **print** posters 포스터를 인쇄하다
520	**problem** [prɑːbləm 프라아블럼] 몡 문제	problem an easy **problem** 쉬운 문제

빈 칸에 단어를 넣어 문장을 완성해 보세요.

- The _____ is crowded.
  수영장이 붐빈다.

- He was born _____.
  그는 가난한 집에서 태어났다.

- I live opposite the _____ office.
  나는 우체국 맞은편에 산다.

- The _____ is attractive.
  포스터는 관심을 끈다.

- Henry peels a _____.
  헨리는 감자 껍질을 벗기고 있다.

- _____ makes perfect.
  연습이 제일이다.

- It's your birthday _____.
  네 생일 선물이야.

- What a _____ dress!
  정말 예쁜 드레스예요!

- This book has clear _____.
  이 책은 인쇄가 선명하다.

- What's the _____?
  무슨 문제라도 있어요?

DAY 03

---

521 **pull**
[pʊl 풀]
图 끌다, 잡아당기다

pull

pull dog's tail 개의 꼬리를 잡아당기다

---

522 **push**
[pʊʃ 푸쉬]
图 밀다

push

push at the back 뒤에서 밀다

---

523 **put**
[pʊt 풋]
图 두다

put

put a box on the desk 상자를 책상 위에 놓다

---

524 **queen**
[kwiːn 퀴인]
图 여왕

queen

a beautiful **queen** 아름다운 여왕

---

525 **question**
['kwestʃən 퀘스천]
图 질문

question

ask a **question** 질문하다

---

526 **quick**
[kwɪk 퀵]
图 빠른, 급속한

quick

a **quick** movement 빠른 동작

---

527 **quiet**
['kwaɪət 콰이엇]
图 조용한

quiet

a **quiet** room 조용한 방

---

528 **radio**
[reɪdioʊ 레이디오우]
图 라디오

radio

listen to the **radio** 라디오를 듣다

---

529 **rain**
[reɪn 레인]
图 비 图 비가 오다

rain

a heavy **rain** 폭우

---

530 **rainbow**
[reɪnboʊ 레인보우]
图 무지개

rainbow

a beautiful **rainbow** 아름다운 무지개

✔ 빈 칸에 단어를 넣어 문장을 완성해 보세요.

• Billy [   ] the wagon.

  빌리가 수레를 끈다.

• Don't [   ] at the back.

  뒤에서 밀지 마세요.

• Where did you [   ] my shoes?

  제 신발을 어디 두셨어요?

• The [   ] has a crown on her head.

  여왕은 머리에 왕관을 쓰고 있다.

• May I ask you a [   ]?

  질문 하나 해도 될까요?

• She is [   ] in action.

  그녀는 행동이 빠르다.

• The restaurant was very [   ].

  그 음식점은 매우 조용했다.

• Turn down the [   ].

  라디오 소리를 줄이세요.

• The [   ] has stopped.

  비가 그쳤다.

• There is a [   ] over the mountain.

  그 산 위에 무지개가 있다.

DAY 04

531 **read**
[ri:d 리이드]
⑧ 읽다

read

read a newspaper 신문을 읽다

532 **ready**
['redi 레디]
⑱ 준비된

ready

be **ready** to go to school 학교에 갈 준비가 되어 있다

533 **real**
['ri:əl 리이얼]
⑱ 실제의

real

a **real** jewel 진짜 보석

534 **record**
[rɪ'kɔːd 리코오드]
⑧ 기록하다

record

record a song on tape 노래를 테이프에 녹음하다

535 **red**
[red 레드]
⑲ 빨강 ⑱ 빨간색의

red

a **red** dress 빨간 드레스

536 **remember**
[rɪ'membə(r) 리멤버(ㄹ)]
⑧ 기억하다

remember

remember one's name ~의 이름을 기억하다

537 **repeat**
[rɪ'piːt 리피이트]
⑧ 반복하다

repeat

repeat news 뉴스를 반복하다

538 **rest**
[rest 레스트]
⑲ 휴식 ⑧ 쉬다

rest

an hour's **rest** 1시간의 휴식

539 **restaurant**
[restərɑːnt 레스터라안트]
⑲ 식당

restaurant

eat at a **restaurant** 식당에서 식사를 하다

540 **return**
[rɪ'tɜːrn 리터ㄹ언]
⑧ 되돌아가다

return

return home 집에 돌아가다

- He can _____ French.

  그는 프랑스어를 읽을 수 있다.

- Are you _____?

  준비 됐나요?

- The poet is a _____ man.

  그 시인은 실존 인물이다.

- He kept a _____ of his trip.

  그는 자신의 여행을 기록했다.

- A fire engine is _____.

  소방차는 빨간색이다.

- I'll always _____ you.

  너를 항상 기억할게.

- Could you _____ that?

  다시 한 번 말씀해 주시겠습니까?

- _____ for a while.

  잠시 쉬어라.

- The _____ was so crowded.

  그 식당은 꽤 붐비었다.

- She will _____ soon.

  그녀는 곧 돌아올 것이다.

DAY 05

541	**ribbon** [ˈrɪbən 리번] 똉 리본	ribbon a yellow **ribbon** 노란 리본
542	**rice** [raɪs 라이스] 똉 쌀, 밥	rice cook **rice** 밥을 짓다
543	**rich** [rɪtʃ 리취] 똉 부유한	rich a **rich** father 부자 아버지
544	**ride** [raɪd 라이드] 똉 타다	ride **ride** on a train 기차를 타다
545	**right** [raɪt 라이트] 똉 오른쪽 똉 옳은	right my **right** arm 나의 오른팔
546	**ring** [rɪŋ 링] 똉 반지, 고리	ring a diamond **ring** 다이아몬드 반지
547	**river** [ˈrɪvə(r) 리버(ㄹ)] 똉 강	river swim across a **river** 강을 헤엄쳐 건너다
548	**road** [roʊd 로우드] 똉 길	road car on the **road** 도로 위의 차
549	**robot** [ˈroʊbɑːt 로우바아트] 똉 로봇	robot an industrial **robot** 산업 로봇
550	**rock** [rɑːk 라악] 똉 바위	rock a big **rock** 큰 바위

빈 칸에 단어를 넣어 문장을 완성해 보세요.

- She has a red _____ in her hair.

  그녀는 머리에 빨간 리본을 하고 있다.

- The Koreans feed on _____.

  한국인은 밥을 먹고 산다.

- He is a _____ man.

  그는 부자이다.

- Can you _____ a bicycle?

  자전거를 탈 수 있나요?

- She was perfectly _____.

  그녀가 전적으로 옳았다.

- She put a _____ on her finger.

  그녀는 반지를 끼었다.

- The _____ is wide.

  그 강은 넓다.

- My house is across the _____.

  우리 집은 길 건너편에 있다.

- I wish for a _____.

  나는 로봇이 갖고 싶다.

- The ship struck a _____.

  배가 바위에 부딪쳤다.

Practice Test / WEEK 11 /

1 다음 각 영어 단어의 뜻을 우리말로 써 보세요.

1 place _____

2 práctice _____

3 push _____

4 quiet _____

5 ready _____

6 rich _____

2 다음 우리말 뜻에 해당하는 영어 단어를 써 보세요.

1 계획 _____

2 문제 _____

3 두다 _____

4 빠른 _____

5 실제의 _____

6 길 _____

3 다음 그림에 해당하는 영어 단어를 연결해 보세요.

1	2	3	4	5

river   rainbow   red   potato   plane

4 다음 보기에서 우리말 뜻에 해당하는 영어 단어를 찾아 써 보세요.

plant	pull	pretty	question	remember
read	return	rice	ring	ride

1 끌다 _____

2 되돌아가다 _____

3 읽다 _____

4 기억하다 _____

5 질문 _____

6 식물 _____

5 우리말에 맞도록 빈칸에 알맞은 말을 쓰세요.

1 집 밖에서 놀아라.   _____ outside the house.

2 나는 우체국 맞은편에 살고 있다.   I live opposite the _____ office.

3 여왕은 머리에 왕관을 쓰고 있다.   The _____ has a crown on her head.

4 자전거를 탈 수 있나요?   Can you _____ a bicycle?

5 그녀는 반지를 끼었다.   She put a _____ on her finger.

6 다음 영어를 우리말로 옮기세요.

1 Please forgive me.   _____

2 This book has clear print.   _____

3 Could you repeat that?   _____

4 The Koreans feed on rice.   _____

5 The ship struck a rock.   _____

551	**rocket**	rocket
	[ˈrɑːkɪt 라아킷]	a space **rocket** 우주 로켓
	명 로켓	

552	**roll**	roll
	[roʊl 로울]	**roll** in the bed 침대에서 뒹굴다
	동 구르다, 말다	

553	**roof**	roof
	[ruːf 루우프]	a tiled **roof** 기와지붕
	명 지붕	

554	**room**	room
	[ruːm 루움]	a children's **room** 어린이 방
	명 방	

555	**rose**	rose
	[roʊz 로우즈]	a red **rose** 빨간 장미
	명 장미	

556	**round**	round
	[raʊnd 라운드]	a **round** table 둥근 탁자
	형 둥근	

557	**ruler**	ruler
	[ˈruːlə(r) 루울러(ㄹ)]	a graduated **ruler** 눈금자
	명 자	

558	**run**	run
	[rʌn 런]	**run** 100 meters 100미터를 달리다
	동 달리다	

559	**sad**	sad
	[sæd 쌔드]	a **sad** story 슬픈 이야기
	형 슬픈	

560	**safe**	safe
	[seɪf 쎄이프]	a **safe** place 안전한 장소
	형 안전한	

빈 칸에 단어를 넣어 문장을 완성해 보세요.

- The _____ was launched.

  로켓이 발사되었다.

- The dog is _____ in the dust.

  개가 먼지 속에서 뒹굴고 있다.

- The _____ slopes.

  지붕은 비탈져 있다.

- Flowers brighten a _____.

  꽃은 방을 밝게 한다.

- This _____ smells sweet.

  이 장미는 향기가 좋다.

- The earth is _____.

  지구는 둥글다.

- Can I use your _____?

  자 좀 써도 될까요?

- Horses _____ fast.

  말은 빨리 달려요.

- The clown looks _____.

  그 광대는 슬퍼 보여요.

- It is _____ to wear a helmet.

  헬멧을 쓰는 것은 안전하다.

DAY 02 / WEEK 12 /

561 **salt**
[sɔːlt 쏘올트]
명 소금

salt

put some **salt** in the soup 수프에 약간의 소금을 넣다

562 **salad**
['sæləd 쌜러드]
명 샐러드

salad

a green **salad** 야채샐러드

563 **same**
[seɪm 쎄임]
형 같은

same

the **same** age 같은 나이

564 **sand**
[sænd 쌘드]
명 모래

sand

a white **sand** 하얀 모래

565 **say**
[seɪ 쎄이]
동 말하다

say

say about the TV program TV 프로그램에 대해서 말하다

566 **school**
[skuːl 스쿠울]
명 학교

school

a **school** on the hill 언덕 위의 학교

567 **score**
[skɔː(r) 스코어(ㄹ)]
명 점수

score

a perfect **score** 만점

568 **sea**
[siː 씨이]
명 바다

sea

a deep **sea** 깊은 바다

569 **season**
['siːzn 씨이즌]
명 계절

season

the summer **season** 여름철

570 **seat**
[siːt 씨이트]
명 의자, 좌석

seat

take a **seat** 자리에 앉다

✔ 빈 칸에 단어를 넣어 문장을 완성해 보세요.

- Sea water is ⬚ water.
  바닷물은 소금물이다.

- Bill ordered some spaghetti and a ⬚.
  빌은 스파게티와 샐러드를 주문했다.

- We live in the ⬚ area.
  우리는 같은 동네에 산다.

- We built a ⬚ castle.
  우리는 모래성을 쌓았다.

- Please ⬚ that again.
  다시 한 번 말씀해 주세요.

- ⬚ begins at eight thirty.
  학교는 8시 반에 시작한다.

- The ⬚ was three to five.
  점수는 3대 5였다.

- The ⬚ was smooth.
  바다는 잔잔했다.

- Apples are in ⬚ now.
  사과는 지금이 제철이다.

- This ⬚ is engaged.
  이 좌석은 예약되어 있습니다.

571	**see** [si: 씨이] 동 보다	see **see** into the room 방안을 들여다 보다
572	**sell** [sel 쎌] 동 팔다	sell **sell** a car 자동차를 팔다
573	**send** [send 쎈드] 동 보내다	send **send** him a card 그에게 카드를 보내다
574	**service** [sɜːrvɪs 써어ㄹ비스] 명 봉사, 도움 동 봉사하다	service go into **service** 봉사하다
575	**set** [set 쎝] 동 놓다, (식탁을) 차리다	set **set** a vase on the table 탁자 위에 꽃병을 놓다
576	**shall** [ʃæl 쉘] 동 ~일 것이다	shall We **shall** see. 두고 봅시다.
577	**shape** [ʃeɪp 쉐입] 명 모양	shape a round **shape** 둥근 모양
578	**she** [ʃi: 쉬이] 명 여자, 암컷 대 그녀	she a **she**-goat 암 염소
579	**sheep** [ʃiːp 쉬이프] 명 양	sheep **sheep** graze 양들이 풀을 뜯다
580	**sheet** [ʃiːt 쉬이트] 명 시트, 장〈종이〉	sheet a **sheet** of paper 종이 한 장

빈 칸에 단어를 넣어 문장을 완성해 보세요.

- You can [   ] stars in the country.

  시골에서는 별을 볼 수 있어.

- Grandma [   ] apples.

  할머니가 사과를 파신다.

- I [   ] her a letter.

  나는 그녀에게 편지를 보냈다.

- I will do my [   ] to my country.

  나 나름대로 나라에 봉사할 것이다.

- Mother [   ] the table for dinner.

  어머니께서 저녁 식사를 차렸다.

- I [   ] start tomorrow.

  내일 출발할 예정이다.

- What [   ] is it?

  그것은 어떤 모양입니까?

- [   ] paints well.

  그녀는 그림을 잘 그린다.

- He keeps his [   ].

  그는 양을 지키고 있다.

- She bought a light blue [   ].

  그녀는 옅은 파란색 시트를 샀다.

DAY 04

581	**ship** [ʃɪp 쉽] 몡 배	ship sail on a **ship** 배로 항해하다
582	**shirt** [ʃɜːrt 셔어ㄹ트] 몡 셔츠	shirt a gray **shirt** 회색 셔츠
583	**shoe** [ʃuː 슈우] 몡 신발	shoe new **shoes** 새 신발
584	**shoot** [ʃuːt 슈우트] 동 쏘다	shoot **shoot** an arrow 활을 쏘다
585	**shop** [ʃɑːp 샤압] 몡 가게	shop a gift **shop** 선물가게
586	**short** [ʃɔːrt 쇼오ㄹ트] 혱 짧은	short a **short** story 짧은 이야기
587	**shoulder** [ʃouldə(r) 쇼울더(ㄹ)] 몡 어깨	shoulder broad **shoulders** 넓은 어깨
588	**shout** [ʃaut 샤우트] 동 외치다	shout **shout** one's name ~의 이름을 큰소리로 부르다
589	**show** [ʃou 쇼우] 동 나타내다, 보이다	show **show** the picture 그림을 보여 주다
590	**shower** [ˈʃauə(r) 샤우어(ㄹ)] 몡 소나기, 샤워	shower take a **shower** 샤워하다

빈 칸에 단어를 넣어 문장을 완성해 보세요.

- The _____ is sinking.
  배가 가라앉고 있다.

- Henry is ironing his _____.
  헨리는 셔츠를 다리고 있다.

- These are Bill's _____.
  이건 빌의 신발이야.

- Don't move, or I'll _____ you.
  꼼짝 마, 움직이면 쏜다.

- The _____ closes at five.
  그 가게는 다섯 시에 닫는다.

- Fall seems _____.
  가을은 짧은 것 같다.

- He tapped me on the _____.
  그는 내 어깨를 가볍게 쳤다.

- Don't _____!
  소리치지 마라!

- _____ me your hands.
  너의 손을 보여줘.

- Henry is taking a _____.
  헨리는 샤워를 하고 있다.

591	**shut** [ʃʌt 셧] 동 닫다, 잠그다	shut **shut** the door 문을 닫다
592	**sick** [sɪk 씩] 형 아픈	sick a **sick** girl 아픈 소녀
593	**side** [saɪd 싸이드] 명 옆, 측면 형 측면의	side one **side** of the road 길 한쪽
594	**sign** [saɪn 싸인] 명 기호, 서명	sign **sign** a letter 편지에 서명하다
595	**silver** ['sɪlvə(r) 씰버(ㄹ)] 명 은	silver a **silver** plate 은 접시
596	**sing** [sɪŋ 씽] 동 노래하다	sing **sing** a song 노래를 부르다
597	**sir** [sə(r) 써(ㄹ)] 명 ~씨, 손님	sir Excuse me, **sir**. 선생님. 실례합니다.
598	**sister** ['sɪstə(r) 씨스터(ㄹ)] 명 여자 형제, 언니, 여동생	sister my big **sister** 우리 언니
599	**sit** [sɪt 씻] 동 앉다	sit **sit** on a chair 의자에 앉다
600	**size** [saɪz 싸이즈] 명 크기	size the **size** of the window 창문의 크기

✔ 빈 칸에 단어를 넣어 문장을 완성해 보세요.

- The door is [   ].

  문이 닫혀 있다.

- I was [   ] yesterday.

  저는 어제 아팠어요.

- We walk [   ] by side.

  우리는 나란히 걷는다.

- Mark the plus [   ].

  플러스 기호(+)를 표시해라.

- Much jewelry is made from [   ].

  많은 보석이 은으로 만들어진다.

- She [   ] great.

  그녀는 노래를 잘한다.

- Do you have a reservation, [   ]?

  손님, 예약하셨습니까?

- My [   ] resembles me.

  내 여동생은 나와 닮았다.

- [   ] up straight.

  똑바로 앉아라.

- Do you have a small [   ]?

  작은 사이즈 있나요?

Practice Test

1 다음 각 영어 단어의 뜻을 우리말로 써 보세요.

1 roll _____ **2** scóre _____

3 sell _____ **4** shoulder _____

5 sick _____ **6** silver _____

2 다음 우리말 뜻에 해당하는 영어 단어를 써 보세요.

1 둥근 _____ **2** 계절 _____

3 모양 _____ **4** 외치다 _____

5 앉다 _____ **6** 크기 _____

3 다음 그림에 해당하는 영어 단어를 연결해 보세요.

| 1 | 2 | 3 | 4 | 5 |

sheep　　　　sister　　　　sea　　　　ruler　　　　shoe

4 다음 보기에서 우리말 뜻에 해당하는 영어 단어를 찾아 써 보세요.

| roof | sad | safe | salt | same |
| send | sheet | short | show | sing |

1 같은 _____

2 안전한 _____

3 지붕 _____

4 보내다 _____

5 짧은 _____

6 노래하다 _____

5 우리말에 맞도록 빈칸에 알맞은 말을 쓰세요.

1 로켓이 발사되었다.   The _____ was launched.

2 우리는 모래성을 쌓았다.   We built a _____ castle.

3 어머니께서 저녁 식탁을 차렸다.   Mother _____ the table for dinner.

4 배가 가라앉고 있다.   The _____ is sinking.

5 너의 손을 보여줘.   _____ me your hands.

6 다음 영어를 우리말로 옮기세요.

1 This rose smells sweet.   _____

2 School begins at eight thirty.   _____

3 The shop closes at five.   _____

4 The door is shut.   _____

5 We walk side by side.   _____

601	**skate** [skeɪt 스케이트] 똉 스케이트	skate **skate** on a lake 호수에서 스케이트를 타다
602	**skirt** [skɜːrt 스커어ㄹ트] 똉 치마	skirt a short **skirt** 짧은 치마
603	**sky** [skaɪ 스카이] 똉 하늘	sky a clear **sky** 맑은 하늘
604	**sleep** [sliːp 슬리입] 똉 자다	sleep **sleep** well 잘 자다
605	**slide** [slaɪd 슬라이드] 똉 미끄럼틀 똉 미끄러지다	slide **slide** on the ice 얼음 위에서 미끄러지다
606	**slow** [sloʊ 슬로우] 똉 느린	slow walk at a **slow** pace 느린 속도로 걷다
607	**small** [smɔːl 스모올] 똉 작은	small a **small** animal 작은 동물
608	**smell** [smel 스멜] 똉 냄새맡다, 냄새나다	smell **smells** sweet 달콤한 냄새가 나다
609	**smile** [smaɪl 스마일] 똉 미소 똉 웃다	smile hide a **smile** 웃음을 참다
610	**smoke** [smoʊk 스모우크] 똉 연기 똉 담배 피우다	smoke cigarette **smoke** 담배 연기

- I like [   ].

  나는 스케이트 타기를 좋아한다.

- She wants to wear a [   ].

  그녀는 치마를 입고 싶어 한다.

- The sun has climbed the [   ].

  태양이 하늘 높이 떠올랐다.

- Owls [   ] in the daytime.

  올빼미는 낮에 잠을 잔다.

- There is a [   ] on the playground.

  운동장에는 미끄럼틀이 있다.

- Turtles are [   ].

  거북이는 느리다.

- His store is [   ].

  그의 가게는 작다.

- There was a [   ] of burning.

  타는 냄새가 났다.

- A [   ] came to his lips.

  그의 입술에 미소가 떠올랐다.

- You may not [   ] here.

  여기에서 담배를 피워선 안 된다.

611	**snow** [snoʊ 스노우] 명 눈 동 눈이 오다	snow a heavy **snow** 폭설
612	**so** [soʊ 쏘우] 부 그래서, 그렇게	so **so** many 그렇게 많이
613	**soap** [soʊp 쏘웁] 명 비누	soap wash with **soap** 비누로 씻다
614	**soccer** [sɑːkə(r) 싸아커(ㄹ)] 명 축구	soccer a **soccer** ball 축구공
615	**socks** [sɑːks 싸악스] 명 양말	socks a pair of **socks** 양말 한 켤레
616	**soft** [sɔːft 쏘프트] 형 부드러운	soft a **soft** bed 포근한 침대
617	**some** [sʌm 썸] 형 약간의	some **some** flowers 약간의 꽃
618	**son** [sʌn 썬] 명 아들	son adopt a **son** 양자로 삼다
619	**song** [sɔːŋ 쏘옹] 명 노래	song a popular **song** 인기 있는 노래
620	**soon** [suːn 쑤운] 부 곧	soon finish the homework **soon** 일찍 숙제를 끝내다

✔ 빈 칸에 단어를 넣어 문장을 완성해 보세요.

- Much [   ] has fallen.

  많은 눈이 내렸다.

- [   ] I could see him.

  그래서 나는 그를 만날 수 있었다.

- Wash your hands with [   ].

  비누로 손을 씻으세요.

- He plays [   ] on Saturday.

  그는 토요일에는 축구를 한다.

- He bought a pair of new [   ].

  그는 새 양말 한 켤레를 샀다.

- This pillow feels very [   ].

  이 베개는 매우 부드럽다.

- Drink [   ] milk.

  우유를 조금 마셔라.

- Her [   ] is thirteen years old.

  그녀의 아들은 13살이다.

- Ally sings a [   ].

  앨리가 노래를 부른다.

- Walking [   ] tires me.

  나는 걸으면 곧 피곤해진다.

621	**sorry** [ˈsɔːri 쏘오리] 혱 미안한, 유감스러운	sorry **sorry** about ~에 대해 유감스러운
622	**sound** [saʊnd 싸운드] 몡 소리	sound a big **sound** 큰 소리
623	**soup** [suːp 쑤웁] 몡 수프	soup vegetable **soup** 야채수프
624	**south** [saʊθ 싸우스] 몡 남쪽	south a **south** gate 남쪽 문
625	**space** [speɪs 스페이스] 몡 공간, 우주	space open **space** 빈 공간
626	**speak** [spiːk 스피이크] 동 말하다	speak **speak** English 영어를 말하다
627	**speed** [spiːd 스피이드] 몡 속도	speed top **speed** 최고 속도
628	**spell** [spel 스펠] 동 철자를 쓰다	spell **spell** one's name ~의 이름 철자를 쓰다
629	**spend** [spend 스펜드] 동 (시간 · 돈 등을) 보내다, 쓰다	spend **spend** some money 돈을 쓰다
630	**spoon** [spuːn 스푸운] 몡 숟가락	spoon eat with a **spoon** 숟가락으로 먹다

빈 칸에 단어를 넣어 문장을 완성해 보세요.

- I am [ ] .
  미안해요.

- The ear reacts to [ ] .
  귀는 소리에 반응한다.

- This [ ] is too thin.
  이 수프는 너무 묽다.

- We traveled toward the [ ] .
  우리는 남쪽을 향해 여행했다.

- He is interested in [ ] research.
  그는 우주 연구에 관심이 있다.

- He can [ ] good English.
  그는 영어를 잘 구사한다.

- He ran away at top [ ] .
  그는 최고 속도로 달아났다.

- How do you [ ] your name?
  아름은 어떻게 씁니까?

- Where shall we [ ] our holiday?
  어디서 휴일을 보낼까요?

- I use a [ ] when I eat food.
  나는 음식을 먹을 때 숟가락을 사용한다.

DAY 04

631 **sport**
[spɔːrt 스포오르트]
똉 운동, 경기

sport

play a **sport** 운동을 하다

632 **spring**
[sprɪŋ 스프링]
똉 봄, 용수철

spring

an early **spring** 이른 봄

633 **square**
[skweə(r) 스퀘어(ㄹ)]
똉 정사각형

square

draw a **square** 정사각형을 그리다

634 **stairs**
[steəz 스테어즈]
똉 계단

stairs

go up the **stairs** 계단을 오르다

635 **stamp**
['stæmp 스탬프]
똉 우표, 도장

stamp

put a **stamp** 우표를 붙이다

636 **stand**
['stænd 스탠드]
똉 서다

stand

stand still 가만히 서 있다

637 **star**
[stɑː(r) 스타아(ㄹ)]
똉 별

star

a bright **star** 밝은 별

638 **start**
[stɑːrt 스타아르트]
똉 시작 똉 시작하다

start

start to dance 춤을 추기 시작하다

639 **station**
['steɪʃn 스테이션]
똉 역, 정거장

station

arrive at the **station** 역에 도착하다

640 **stay**
[steɪ 스테이]
똉 머무르다

stay

stay at the office 사무실에 머물다

빈 칸에 단어를 넣어 문장을 완성해 보세요.

- Ping-pong is an indoor _____.

  탁구는 실내 운동이다.

- _____ has come, winter is gone.

  겨울은 가고 봄이 왔다.

- A _____ has four equal sides.

  정사각형은 네 변의 길이가 같다.

- Ally went up the _____.

  앨리는 계단을 올라갔다.

- My hobby is collecting _____.

  내 취미는 우표 수집이다.

- They _____ in line.

  그들은 일렬로 서 있다.

- _____ twinkle bright.

  별이 밝게 빛난다.

- We _____ work at 9 every morning.

  우리는 매일 아침 아홉 시에 업무를 시작한다.

- A train is in the _____.

  기차가 역에 있다.

- I should like to _____ here.

  나는 이곳에 머무르고 싶다.

DAY 05

/ WEEK 13 /

641 **steam**
[sti:m 스티임]
몡 증기

steam

a **steam** engine 증기 기관

642 **step**
[step 스텝]
몡 걸음

step

a first **step** 첫 걸음

643 **stick**
[stɪk 스틱]
몡 막대기

stick

a hiking **stick** 하이킹용 스틱

644 **stone**
[stoʊn 스토운]
몡 돌

stone

throw a **stone** 돌을 던지다

645 **stop**
[stɑːp 스타압]
통 멈추다

stop

stop the work 일을 중단하다

646 **store**
[stɔː(r) 스토오(ㄹ)]
몡 가게, 상점

store

open a **store** 가게를 열다

647 **storm**
[stɔːrm 스토ㄹ옴]
몡 폭풍

storm

a heavy **storm** 심한 폭풍우

648 **story**
['stɔːri 스토오리]
몡 이야기

story

tell a **story** 이야기를 하다

649 **stove**
[stoʊv 스토우브]
몡 난로

stove

a gas **stove** 가스난로

650 **straight**
[streɪt 스트레이트]
혱 곧은 튀 곧게, 똑바로

straight

a **straight** line 직선

- These engines are driven by ☐ .

  이 엔진들은 증기로 움직인다.

- He took a ☐ back.

  그는 뒤로 한 걸음 물러났다.

- This ☐ measures three feet.

  이 막대기의 길이는 3피트나 됩니다.

- The Pyramids were made of ☐ .

  피라미드는 돌로 만들어졌다.

- ☐ playing right now.

  그만 놀아라.

- There are many ☐ in this street.

  이 거리에는 상점들이 많다.

- The ☐ overtook the ship.

  폭풍우가 갑자기 배를 덮쳤다.

- The ☐ touched his heart.

  그 이야기는 그를 감동시켰다.

- The ☐ smokes.

  난로에서 연기가 난다.

- The road is very ☐ .

  그 길은 매우 똑바르다.

Practice Test /WEEK 13/

1 다음 각 영어 단어의 뜻을 우리말로 써 보세요.

1 sleep _____   2 soft _____

3 south _____   4 spend _____

5 stand _____   6 step _____

2 다음 우리말 뜻에 해당하는 영어 단어를 써 보세요.

1 냄새 맡다 _____   2 곧 _____

3 속도 _____   4 봄 _____

5 돌 _____   6 폭풍 _____

3 다음 그림에 해당하는 영어 단어를 연결해 보세요.

| 1 | 2 | 3 | 4 | 5 |

stamp   skate   stove   spoon   socks

4 다음 보기에서 우리말 뜻에 해당하는 영어 단어를 찾아 써 보세요.

sky	smile	smoke	soap	soccer
son	sound	stairs	star	steam

1 연기 _____

2 소리 _____

3 계단 _____

4 하늘 _____

5 증기 _____

6 비누 _____

5 우리말에 맞도록 빈칸에 알맞은 말을 쓰세요.

1 운동장에는 미끄럼틀이 있다.   There is a _____ on the playground.

2 비누로 손을 씻으세요.   Wash your hands with _____ .

3 그는 우주 연구에 관심이 있다.   He is interested in _____ research.

4 탁구는 실내 운동이다.   Ping-pong is an indoor _____ .

5 기차가 역에 있다.   A train is in the _____ .

6 다음 영어를 우리말로 옮기세요.

1 Turtles are slow.   _____

2 Her son is thirteen years old.   _____

3 How do you spell your name?   _____

4 Stars twinkle bright.   _____

5 There are many stores in this street.   _____

651	**strange** [streɪndʒ 스트레인쥐] 휑 이상한, 낯선	strange a **strange** sound 이상한 소리
652	**strawberry** [strɔːberi 스트로오베리] 똉 딸기	strawberry **strawberry** jam 딸기 잼
653	**street** [striːt 스트리이트] 똉 길, 거리	street a noisy **street** 시끄러운 거리
654	**strike** [straɪk 스트라이크] 통 치다, 때리다	strike **strike** a child 아이를 때리다
655	**strong** [strɔːŋ 스트로옹] 휑 강한	strong a **strong** wind 강한 바람
656	**student** [stuːdnt 스튜우든트] 똉 학생	student a bad **student** 나쁜 학생
657	**study** ['stʌdi 스터디] 똉 공부 통 배우다	study **study** Chinese 중국어를 공부하다
658	**stupid** [stuːpɪd 스투우피드] 휑 어리석은	stupid a **stupid** person 어리석은 사람
659	**subway** ['sʌbweɪ 서브웨이] 똉 지하철	subway a **subway** station 지하철역
660	**sugar** ['ʃʊɡə(r) 슈거(ㄹ)] 똉 설탕	sugar a spoonful of **sugar** 설탕 한 숟갈

빈 칸에 단어를 넣어 문장을 완성해 보세요.

- A _____ thing happened.

  이상한 일이 일어났다.

- _____ are plentiful in the summer.

  여름에는 딸기가 많다.

- The _____ is empty.

  거리가 텅 비어 있다.

- A clock _____ three.

  시계가 3시를 친다.

- He has a _____ mind.

  그는 강한 정신의 소유자다.

- She is a diligent _____.

  그녀는 부지런한 학생이다.

- Students have to _____ hard.

  학생들은 열심히 공부해야 한다.

- Don't do that _____ thing.

  그렇게 어리석은 짓 좀 하지 마.

- The _____ has arrived at the station.

  지하철이 역에 도착했다.

- _____ melts in water.

  설탕은 물에 녹는다.

661	**summer** ['sʌmə(r) 썸머(ㄹ)] 명 여름	summer last **summer** 작년 여름
662	**sun** [sʌn 썬] 명 태양	sun rise in the **sun** 해가 뜨다
663	**supermarket** [suːpərmɑːrkɪt 슈우퍼ㄹ마아ㄹ킷] 명 슈퍼마켓	supermarket go to the **supermarket** 슈퍼마켓에 가다
664	**supper** ['sʌpə(r) 써퍼(ㄹ)] 명 저녁식사, 만찬	supper a late **supper** 늦은 저녁식사
665	**sure** [ʃʊə(r) 슈어(ㄹ)] 형 확신하는	sure be **sure** of one's success ~의 성공을 확신하다
666	**surprise** [sərpraɪz 써ㄹ프라이즈] 명 놀람 동 놀라게 하다	surprise be **surprised** at the news 그 소식을 듣고 놀라다
667	**sweater** ['swetə(r) 스웨터(ㄹ)] 명 스웨터	sweater put on a **sweater** 스웨터를 입다
668	**sweet** [swiːt 스위이트] 형 단, 달콤한	sweet a **sweet** cake 달콤한 케이크
669	**swim** [swɪm 스윔] 명 수영 동 헤엄치다	swim **swim** in the sea 바다에서 헤엄치다
670	**swing** [swɪŋ 스윙] 명 그네 동 흔들다	swing get on a **swing** 그네에 올라타다

✔ 빈 칸에 단어를 넣어 문장을 완성해 보세요.

- It gets hot in the [   ].

  여름에는 더워진다.

- The [   ] goes down.

  해가 진다.

- Jenny buys food at the [   ].

  제니는 슈퍼마켓에서 식품을 산다.

- I had [   ] already.

  나는 벌써 저녁식사를 했다.

- I'm [   ] of his success.

  나는 그의 성공을 확신한다.

- I have a [   ] for you.

  너를 놀래줄 일이 있어.

- Ally is knitting a [   ].

  앨리는 스웨터를 짜고 있다.

- These grapes are [   ].

  이 포도는 달다.

- Peter knows how to [   ].

  피터는 수영을 할 줄 안다.

- The monkey is [   ].

  원숭이가 흔들거리고 있다.

671	**switch** [swɪtʃ 스위취] 몡 스위치, 전환 동 맞바꾸다	*switch* a light **switch** 전등 스위치
672	**table** ['teɪbl 테이블] 몡 탁자, 식탁	*table* sit around a **table** 탁자에 둘러앉다
673	**take** [teɪk 테이크] 동 잡다, 가져가다	*take* **take** a rabbit in a trap 토끼를 덫으로 잡다
674	**talk** [tɔːk 토오크] 동 말하다	*talk* **talk** too much 말이 너무 많다
675	**tall** [tɔːl 토올] 형 키가 큰	*tall* a **tall** tree 키가 큰 나무
676	**tape** [teɪp 테이프] 몡 테이프	*tape* play a **tape** 테이프를 틀다
677	**taste** [teɪst 테이스트] 몡 맛 동 맛보다	*taste* **taste** sweet 달콤한 맛
678	**taxi** ['tæksi 택시] 몡 택시	*taxi* go by **taxi** 택시로 가다
679	**tea** [tiː 티이] 몡 차	*tea* make **tea** 차를 끓이다[달이다]
680	**teach** [tiːtʃ 티이취] 동 가르치다	*teach* **teach** English 영어를 가르치다

✔ 빈 칸에 단어를 넣어 문장을 완성해 보세요.

- Let's ☐ places.

  자리를 바꾸자.

- You must clean the ☐.

  식탁을 깨끗하게 치워야 해요.

- ☐ it easy.

  마음을 편히 가져.

- Don't ☐ nonsense!

  터무니없는 소리 말아라!

- The stewardess was very ☐.

  그 여승무원은 키가 매우 컸다.

- I don't have a ☐ recorder.

  나에게는 테이프 녹음기가 없다.

- We ☐ with our tongues.

  우리는 혀로 맛을 본다.

- A ☐ driver should be kind.

  택시 운전기사는 친절해야 한다.

- I like strong ☐.

  나는 진한 차를 좋아한다.

- Mrs. Kim ☐ English.

  김 선생님은 영어를 가르치신다.

681	**team** [tiːm 티임] 명 팀	team a basketball **team** 농구 팀
682	**telephone** [telɪfoʊn 텔리포운] 명 전화기	telephone answer the **telephone** 전화를 받다
683	**television** ['telɪvɪʒn 텔리비전] 명 텔레비전	television watch **television** 텔레비전을 보다
684	**tell** [tel 텔] 동 말하다	tell **tell** jokes 농담하다
685	**temple** ['templ 템플] 명 절, 사원	temple an old **temple** 오래된 절
686	**tennis** ['tenɪs 테니스] 명 테니스	tennis a **tennis** racket 테니스 라켓
687	**test** [test 테스트] 명 시험	test a **test** in Korean 국어 시험
688	**than** [ðæn 댄] 전 접 ~보다, ~에 비하여	than older **than** I 나보다 나이가 많다
689	**thank** [θæŋk 쌩크] 동 감사하다	thank **thank** sincerely 진심으로 감사하다
690	**that** [ðæt 댓] 대 저것	that **that** boy 저 소년

- This [   ] won the game.

  이 팀이 경기에서 이겼다.

- The [   ] is ringing.

  전화가 울리고 있다.

- I watch [   ] every evening.

  나는 매일 저녁 텔레비전을 본다.

- [   ] me about them.

  그것들에 대해 얘기해 주세요.

- A [   ] is a secret place.

  사원은 비밀스러운 곳이다.

- We lost the [   ] game.

  우리는 테니스 경기에서 패했다.

- We had a [   ] in math.

  우리는 수학 시험을 봤다.

- You are older [   ] I.

  너는 나보다 나이가 많다.

- [   ] you anyway.

  어쨌든 감사합니다.

- Ask [   ] man there.

  저기에 있는 저 남자에게 물어봐요.

691	**the** [ðə; ði 더; 디] 관 그, 저	the **the** book 그 책
692	**then** [ðen 덴] 부 그 때 접 그리고 나서	then since **then** 그 이후
693	**there** [ðeə(r) 데어(ㄹ)] 부 그곳에	there near **there** 거기 근처에
694	**they** [ðeɪ 데이] 대 그들	they **They** waited. 그들은 기다렸다.
695	**thick** [θɪk 씩] 형 두꺼운	thick a **thick** dictionary 두꺼운 사전
696	**thin** [θɪn 씬] 형 얇은, 날씬한	thin a **thin** paper 얇은 종이
697	**thing** [θɪŋ 씽] 명 물건, 일	thing buy many **things** 많은 것을 사다
698	**think** [θɪŋk 씽크] 동 생각하다	think **think** carefully 신중히 생각하다
699	**thirsty** ['θɜːrsti 써어ㄹ스티] 형 목마른	thirsty feel[be] **thirsty** 목이 마르다
700	**this** [ðɪs 디스] 대 이것	this **this** table 이 탁자

빈 칸에 단어를 넣어 문장을 완성해 보세요.

- [   ] girl has lost her wallet.

  그 소녀는 지갑을 잃어버렸다.

- [   ] came visitors.

  그리고 나서 관광객들이 모여들기 시작했어요.

- He lives near [   ].

  그는 그곳 근처에 산다.

- [   ] lived happily.

  그들은 행복하게 살았다.

- Slice the bread [   ].

  빵을 두껍게 썰어라.

- That man is [   ].

  저 남자는 날씬하다.

- It's a desirable [   ].

  그것은 바람직한 일이다.

- I [   ], therefore I am.

  나는 생각한다, 고로 존재한다.

- I am hungry and [   ] too.

  나는 배고픈 데다 목도 마르다.

- [   ] is edible.

  이것은 먹을 수 있다.

Practice Test / WEEK 14 /

1 다음 각 영어 단어의 뜻을 우리말로 써 보세요.

1 strange _____

2 supper _____

3 talk _____

4 test _____

5 there _____

6 think _____

2 다음 우리말 뜻에 해당하는 영어 단어를 써 보세요.

1 어리석은 _____

2 달콤한 _____

3 맛 _____

4 감사하다 _____

5 얇은 _____

6 목마른 _____

3 다음 그림에 해당하는 영어 단어를 연결해 보세요.

| 1 | 2 | 3 | 4 | 5 |

sun   thick   tennis   table   subway

4 다음 보기에서 우리말 뜻에 해당하는 영어 단어를 찾아 써 보세요.

street	student	sugar	summer	surprise
switch	take	teach	then	thing

1 놀람　　_____   2 설탕　　_____

3 길　　_____   4 잡다　　_____

5 여름　　_____   6 그리고 나서　　_____

5 우리말에 맞도록 빈칸에 알맞은 말을 쓰세요.

1 시계가 3시를 친다.　　　　A clock _____ three.

2 나는 그의 성공을 확신했다.　　I made _____ of his success.

3 그 여승무원은 키가 매우 컸다.　　The stewardess was very _____ .

4 이 팀이 경기에서 이겼다.　　This _____ won the game.

5 그들은 행복하게 살았다.　　_____ lived happily.

6 다음 영어를 우리말로 옮기세요.

1 She is a diligent student.　　_____

2 Peter knows how to swim.　　_____

3 I like strong tea.　　_____

4 You are older than I.　　_____

5 This is edible.　　_____

701	**thousand** [ˈθaʊznd 싸우즌드] 똉 1,000	thousand three **thousand** 3,000
702	**though** [ðoʊ 도우] 졉 비록 ~일지라도	though **though** he was young 비록 그는 어렸지만
703	**throw** [θroʊ 쓰로우] 똥 던지다	throw **throw** a fast ball 빠른 볼[속구]을 던지다
704	**ticket** [ˈtɪkɪt 티킷] 똉 입장권, 표	ticket buy a one-way **ticket** 편도 표를 사다
705	**tie** [taɪ 타이] 똉 넥타이 똥 묶다, 매다	tie **tie** shoes 신발 끈을 매다
706	**tiger** [ˈtaɪɡə(r) 타이거(ㄹ)] 똉 호랑이	tiger **tigers** roar 호랑이가 으르렁거리다
707	**till** [tɪl 틸] 쩐 졉 ~까지	till **till** late at night 밤늦게까지
708	**time** [taɪm 타임] 똉 시간	time a short **time** 짧은 시간
709	**tired** [ˈtaɪərd 타이어ㄹ드] 혱 피곤한	tired be **tired** of hearing 듣는 데 지치다
710	**to** [tuː 투우] 쩐 ~로, ~까지	to go **to** the grocery store 식료품 가게에 가다

- It's two [   ] won.

  2,000원입니다.

- [   ] I fail, I will try again.

  비록 실패할지라도 나는 다시 시도하겠다.

- The children are [   ] the rocks.

  아이들이 돌을 던지고 있다.

- Mary showed her [   ].

  메리는 그녀의 표를 보여줬다.

- Your [   ] is not straight.

  네 넥타이가 비뚤어져 있다.

- A [   ] has a long tail.

  호랑이의 꼬리는 길다.

- School keeps [   ] four o'clock.

  수업은 4시까지 있다.

- [   ] is money.

  시간은 돈이다.

- He became [   ].

  그는 피곤해졌다.

- I want to go [   ] China.

  나는 중국에 가고 싶어.

DAY 02

711	**today** [təˈdeɪ 터데이] 명 부 오늘, 현재	today **today**'s newspaper 오늘 신문
712	**together** [təˈɡeðə(r) 터게더(ㄹ)] 부 함께	together go to school **together** 함께 학교에 가다
713	**tomato** [təˈmeɪtoʊ 터메이토우] 명 토마토	tomato **tomato** soup 토마토 수프
714	**tomorrow** [təmɑːroʊ 터마아로우] 명 부 내일	tomorrow **tomorrow** evening 내일 저녁
715	**tonight** [təˈnaɪt 터나이트] 명 부 오늘밤	tonight **tonight**'s television programs 오늘밤의 텔레비전 프로그램
716	**too** [tuː 투우] 부 또한, 너무	too **too** big for me 나에게 너무 크다
717	**tooth** [tuːθ 투우쓰] 명 이, 치아	tooth brush one's **tooth** 이를 닦다
718	**top** [tɑːp 타압] 명 꼭대기 형 꼭대기의	top the **top** of the mountain 산 정상
719	**touch** [tʌtʃ 터취] 동 접촉하다, (손을) 대다	touch keep in **touch** 연락을 유지하다
720	**town** [taʊn 타운] 명 읍, 도시	town **town** and country 도시와 시골

- [_____] is March 2nd.

  오늘은 3월 2일이에요.

- The girls work [_____].

  그 소녀들은 함께 일한다.

- This fruit eats like a [_____].

  이 과일은 토마토 맛이 난다.

- We'll meet [_____].

  내일 만나자.

- [_____] will be stormy.

  오늘밤 폭풍이 불 것이다.

- l like it, [_____].

  나도 그걸 좋아해.

- My [_____] aches.

  이가 아프다.

- Birds are on the [_____] of the house.

  새들이 집 꼭대기에 있다.

- Don't [_____] me.

  나를 건드리지 마라.

- They live in a small [_____].

  그들은 작은 도시에 산다.

721	**toy** [tɔɪ 토이] ⑲ 장난감	toy play with a **toy** 장난감을 가지고 놀다
722	**train** [treɪn 트레인] ⑲ 열차	train an express **train** 급행열차
723	**travel** ['trævl 트래블] ⑲ 여행 ⑧ 여행하다	travel **travel** the world 세계를 여행하다
724	**tree** [tri: 트리이] ⑲ 나무	tree a Christmas **tree** 크리스마스 트리
725	**trip** [trɪp 트립] ⑲ 여행	trip a **trip** to Jejudo 제주도로 여행을 가다
726	**truck** [trʌk 트럭] ⑲ 트럭, 화물차	truck drive a **truck** 트럭을 운전하다
727	**true** [tru: 트루우] ⑱ 참된, 진짜의	true **true** diamond 진짜 다이아몬드
728	**try** [traɪ 트라이] ⑧ 노력하다, 시도하다	try **try** hard 열심히 노력하다
729	**tulip** [tu:lɪp 튜울립] ⑲ 튤립	tulip a full-blown **tulip** 활짝 핀 튤립
730	**turn** [tɜːrn 터어ㄹ언] ⑧ 돌리다, 회전시키다	turn **turn** right 오른쪽으로 돌다

✔ 빈 칸에 단어를 넣어 문장을 완성해 보세요.

- He has a ☐ truck.

  그는 장난감 트럭을 가지고 있다.

- I took the wrong ☐.

  나는 열차를 잘못 탔다.

- I like to ☐ by train.

  나는 기차 여행을 좋아한다.

- Apples fall off the ☐.

  사과들이 나무에서 떨어진다.

- Have a good ☐ !

  즐거운 여행 되세요!

- The ☐ is behind the car.

  트럭이 승용차 뒤에 있다.

- I think it is ☐.

  그것은 사실이라고 생각한다.

- Let me ☐ it again.

  제가 그걸 다시 해 볼게요.

- Netherlands is famous for ☐.

  네덜란드는 튤립으로 유명하다.

- ☐ left at the crossing.

  교차로에서 왼쪽으로 돌아라.

731 **twice**
[twaɪs 트와이스]
(부) 두 번

twice

twice a day 하루에 두 번

732 **umbrella**
[ʌmˈbrelə 엄브렐러]
(명) 우산

umbrella

carry an **umbrella** 우산을 들고 다니다

733 **uncle**
[ˈʌŋkl 엉클]
(명) 삼촌, 아저씨

uncle

my **uncle** Jim 우리 짐 삼촌

734 **under**
[ˈʌndə(r) 언더(ㄹ)]
(전) (부) ~아래에

under

a bench **under** the tree 나무 아래의 벤치

735 **understand**
[ʌndərstænd 언더ㄹ스탠드]
(동) 이해하다

understand

understand clearly 분명하게 이해하다

736 **until**
[ənˈtɪl 언틸]
(전) (접) ~까지

until

until noon 정오까지

737 **up**
[ʌp 업]
(부) 위로

up

up in the sky 하늘 위로

738 **use**
[juːz 유우즈]
(명) 사용

use

the **use** of computer 컴퓨터의 사용

739 **usual**
[juːʒuəl 유우주얼]
(형) 보통의, 평소의

usual

at the **usual** time 평소 시간에

740 **vacation**
[veɪkeɪʃn 베이케이션]
(명) 휴가

vacation

the summer **vacation** 여름휴가

✔ 빈 칸에 단어를 넣어 문장을 완성해 보세요.

- I read the book [   ].

  나는 그 책을 두 번 읽었다.

- Take your [   ] with you.

  우산을 가지고 가거라.

- His [   ] is a teacher.

  그의 삼촌은 선생님이다.

- My doll is [   ] the bed.

  내 인형이 침대 밑에 있다.

- This book is easy to [   ].

  이 책은 이해하기 쉽다.

- He waited [   ] the rain stopped.

  그는 비가 그칠 때까지 기다렸다.

- The moon is [   ].

  달이 떴다.

- [   ] your spoon, please.

  숟가락을 사용하세요.

- He arrived later than [   ].

  그는 여느 때보다 늦게 도착했다.

- Bill is on [   ].

  빌은 휴가 중이다.

DAY 05 / WEEK 15 /

741	**vegetable** [ˈvedʒtəbl 베지터블] 몡 야채	vegetable fresh **vegetables** 신선한 야채
742	**very** [ˈveri 베리] 튄 대단히, 몹시	very **very** kind 대단히 친절하다
743	**video** [ˈvɪdioʊ 비디오우] 몡 비디오	video watch a **video** 비디오를 보다
744	**village** [ˈvɪlɪdʒ 빌리지] 몡 마을	village a quiet **village** 조용한 마을
745	**visit** [ˈvɪzɪt 비지트] 동 방문하다	visit **visit** in the country 시골을 방문하다
746	**violin** [ˌvaɪəˈlɪn 바이얼린] 몡 바이올린	violin an old **violin** 오래된 바이올린
747	**wait** [weɪt 웨이트] 동 기다리다	wait **wait** for the train 기차를 기다리다
748	**wake** [weɪk 웨이크] 동 잠이 깨다	wake **wake** up early in the morning 아침 일찍 잠에서 깨다
749	**walk** [wɔːk 워어크] 동 걷다	walk **walk** to the school 학교까지 걷다
750	**wall** [wɔːl 워얼] 몡 담, 벽	wall climb a **wall** 벽을 기어오르다

빈 칸에 단어를 넣어 문장을 완성해 보세요.

- She likes [   ] soup.

  그녀는 야채수프를 좋아한다.

- Thank you [   ] much.

  대단히 감사합니다.

- They sell [   ] tapes.

  그들은 비디오 테이프를 판다.

- They looked around the [   ].

  그들은 마을을 구경했다.

- The Smiths will [   ] him.

  스미스 씨 가족이 그를 방문할 것이다.

- Henry is playing the [   ].

  헨리는 바이올린을 연주하고 있다.

- [   ] a minute.

  잠시 기다려라.

- Don't [   ] the baby.

  아기를 깨우지 마라.

- Do not [   ] so fast.

  그렇게 빨리 걷지 말아라.

- The [   ] is high.

  그 벽은 높다.

Practice Test /WEEK 15/

1 다음 각 영어 단어의 뜻을 우리말로 써 보세요.

1 thousand _____ **2** today _____

3 travel _____ **4** twice _____

5 usual _____ **6** village _____

2 다음 우리말 뜻에 해당하는 영어 단어를 써 보세요.

1 피곤한 _____ **2** 오늘밤 _____

3 노력하다 _____ **4** 돌리다 _____

5 휴가 _____ **6** 걷다 _____

3 다음 그림에 해당하는 영어 단어를 연결해 보세요.

1	2	3	4	5

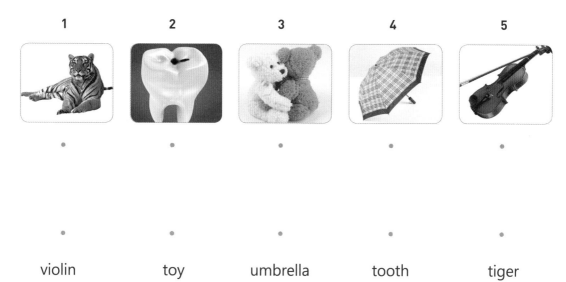

violin   toy   umbrella   tooth   tiger

4 다음 보기에서 우리말 뜻에 해당하는 영어 단어를 찾아 써 보세요.

throw	tie	together	top	touch
trip	turn	understand	until	visit

1 여행 _____

2 이해하다 _____

3 함께 _____

4 ~까지 _____

5 방문하다 _____

6 던지다 _____

5 우리말에 맞도록 빈칸에 알맞은 말을 쓰세요.

1 메리는 그녀의 표를 보여줬다.   Mary showed her _____ .

2 새들이 집 꼭대기에 있다.   Birds are on the _____ of the house.

3 그들은 작은 읍에 살고 있다.   They live in a small _____ .

4 내 인형이 침대 밑에 있어요.   My doll is _____ the bed.

5 아기를 깨우지 마라.   Don't _____ the baby.

6 다음 영어를 우리말로 옮기세요.

1 Time is money.   _____

2 Netherlands is famous for tulips.   _____

3 Thank you very much.   _____

4 Wait a minute.   _____

5 The wall is high.   _____

751	**want** [wɔːnt 워언트] ⑧ 원하다	_want_ **want** a CD player 시디 플레이어를 원하다
752	**war** [wɔː(r) 워어(ㄹ)] ⑲ 전쟁	_war_ win a **war** 전쟁에 이기다
753	**warm** [wɔːrm 워ㄹ엄] ⑬ 따뜻한	_warm_ a **warm** day 따뜻한 날씨
754	**wash** [waːʃ 와아쉬] ⑧ 씻다	_wash_ **wash** oneself 목욕하다
755	**waste** [weɪst 웨이스트] ⑧ 낭비하다	_waste_ **waste** time 시간을 낭비하다
756	**watch** [waːtʃ 와아취] ⑲ 손목시계 ⑧ 지켜보다	_watch_ a gold **watch** 금시계
757	**water** [wɔːtə(r) 워어터(ㄹ)] ⑲ 물	_water_ drink a glass of **water** 물 한 잔을 마시다
758	**way** [weɪ 웨이] ⑲ 길, 방법	_way_ lead the **way** 길을 안내하다
759	**we** [wiː 위이] ⑭ 우리, 우리들	_we_ **We** are agreed. 우리는 찬성이다.
760	**weak** [wiːk 위이크] ⑬ 약한	_weak_ a **weak** team 약한 팀

빈 칸에 단어를 넣어 문장을 완성해 보세요.

- Plants _____ water.

  식물은 물이 필요하다.

- The _____ is over.

  전쟁이 끝나다.

- Spring is _____.

  봄은 따뜻하다.

- _____ your hands before you eat.

  먹기 전에 손을 씻어라.

- Don't _____ your money.

  돈을 낭비하지 마라.

- This _____ is exact.

  이 시계는 정확하다.

- Oil separates from _____.

  기름은 물에서 분리된다.

- The _____ is barred.

  길이 막혀 있다.

- _____ work together.

  우리는 같이 일해요.

- He is _____ in grammar.

  그는 문법에 약하다.

761	**wear** [weə(r) 웨어(ㄹ)] 통 입고 있다	*wear* **wear** light clothes 얇은 옷을 입다
762	**weather** ['weðə(r) 웨더(ㄹ)] 명 날씨	*weather* fine **weather** 좋은 날씨
763	**week** [wiːk 위이크] 명 주, 1주간	*week* this **week** 이번 주
764	**welcome** ['welkəm 웰컴] 형 환영받는 감 어서 오십시오!	*welcome* perfectly **welcome** 대환영으로
765	**well** [wel 웰] 부 상당히, 잘	*well* a very **well** man 매우 건강한 사람
766	**west** [west 웨스트] 명 서쪽 형 서쪽의	*west* **west** of the city 도시의 서쪽에
767	**wet** [wet 웻] 형 젖은	*wet* **wet** with tears 눈물로 젖다
768	**what** [wɑːt 와앗] 대 무엇	*what* **What** is ~? ~은 무엇입니까?
769	**when** [wen 웬] 부 언제 접 ~할 때	*when* **When** is ~? ~은 언제입니까?
770	**where** [weə(r) 웨어(ㄹ)] 부 어디에	*where* **Where** is ~? ~은 어디입니까?

빈 칸에 단어를 넣어 문장을 완성해 보세요.

- I [ ] glasses.

  나는 안경을 쓴다.

- [ ] keeps fine.

  좋은 날씨가 계속되고 있다.

- We meet once a [ ].

  우리는 일주일에 한 번 만난다.

- [ ] to my house.

  우리 집에 오신 것을 환영합니다.

- This knife cuts [ ].

  이 칼은 잘 든다.

- The sun sets in the [ ].

  해는 서쪽으로 진다.

- The floor is [ ].

  마룻바닥이 젖었어요.

- [ ] happened?

  무슨 일이 있었니?

- [ ] did he graduate?

  그는 언제 졸업했는데?

- [ ] shall we meet?

  우리 어디서 만날까요?

771	**which** [wɪtʃ 위치] ㈰ 어느 쪽 ⑲ 어느 쪽의	which **Which** is ~? 어느 쪽이 ~입니까?
772	**white** [waɪt 와이트] ⑲ 백색 ⑲ 흰, 백색의	white a **white** lily 하얀 백합꽃
773	**who** [hu: 후우] ㈰ 누구, 어느 사람	who **Who** is ~? ~은 누구입니까?
774	**why** [waɪ 와이] ⑮ 왜	why **Why** is ~? 왜 ~입니까?
775	**wide** [waɪd 와이드] ⑲ 넓은	wide a **wide** river 폭이 넓은 강
776	**will** [wɪl 윌] ⑧ ~할 것이다	will I **will** go ~. 나는 ~할 것이다.
777	**win** [wɪn 윈] ⑧ 이기다	win **win** the game 시합에 이기다
778	**wind** [wɪnd 윈드] ⑲ 바람	wind a cold **wind** 찬바람
779	**window** ['wɪndoʊ 윈도우] ⑲ 창문	window break the **window** 창문을 깨뜨리다
780	**wing** [wɪŋ 윙] ⑲ 날개	wing spread a **wing** 날개를 펴다

빈 칸에 단어를 넣어 문장을 완성해 보세요.

- [   ] is your book?

  어느 것이 당신 책인가요?

- Flour is as [   ] as snow.

  밀가루는 눈처럼 하얗다.

- [   ] is that?

  저 분은 누구십니까?

- [   ] are you in a hurry?

  왜 그리 서두르니?

- She has a [   ] brow.

  그녀는 이마가 넓다.

- This [   ] be right.

  이것이 옳을 것이다.

- Jenny will [   ] easily.

  제니가 쉽게 이길 거야.

- The [   ] is blowing.

  바람이 불고 있다.

- Please shut the [   ].

  창문을 닫아주십시오.

- A butterfly has [   ].

  나비는 날개를 가지고 있다.

| 781 | **winter**
['wɪntə(r) 윈터(ㄹ)]
몡 겨울 | winter |
| | | **winter** weather 겨울 날씨 |

| 782 | **with**
[wɪð; wɪθ 위드; 위쓰]
젼 ~와 함께 | with |
| | | go **with** one's friends ~의 친구들과 함께 가다 |

| 783 | **woman**
['wʊmən 우먼]
몡 여자 | woman |
| | | a nice **woman** 멋진 여자 |

| 784 | **wonder**
['wʌndə(r) 원더(ㄹ)]
몡 놀라움 동 놀라다 | wonder |
| | | **wonder** really 매우 놀라다 |

| 785 | **wood**
[wʊd 우드]
몡 나무 | wood |
| | | cut **wood** 나무를 자르다 |

| 786 | **word**
[wɜːrd 워어ㄹ드]
몡 낱말, 단어 | word |
| | | a **word** of advice 충고 한 마디 |

| 787 | **work**
[wɜːrk 워어ㄹ크]
몡 일 동 일하다 | work |
| | | **work** on the farm 농장에서 일하다 |

| 788 | **world**
[wɜːrld 워어ㄹ얼드]
몡 세계 | world |
| | | a map of the **world** 세계지도 |

| 789 | **write**
[raɪt 롸이트]
동 쓰다 | write |
| | | **write** a letter 편지를 쓰다 |

| 790 | **wrong**
[rɔːŋ 로옹]
혱 나쁜, 틀린 | wrong |
| | | a **wrong** lie 나쁜 거짓말 |

✔ 빈 칸에 단어를 넣어 문장을 완성해 보세요.

- **Spring follows** [＿＿＿＿＿].

  봄은 겨울 다음에 온다.

- **He goes** [＿＿＿＿] **anyone.**

  그는 누구와도 잘 어울린다.

- **That** [＿＿＿＿＿] **is tall.**

  저 여자는 키가 크다.

- **It is a** [＿＿＿＿＿＿].

  그것은 놀라운 일이다.

- **The table is made of** [＿＿＿＿＿]

  그 식탁은 나무로 만든 것이다.

- **He left us without a** [＿＿＿＿＿].

  그는 말 한마디 없이 우리를 떠났다.

- **We** [＿＿＿＿＿] **together.**

  우리는 같이 일해요.

- **They traveled around the** [＿＿＿＿＿].

  그들은 세계를 두루 여행했다.

- **He cannot read or** [＿＿＿＿＿].

  그는 읽을 줄도 쓸 줄도 모른다.

- **You answered** [＿＿＿＿＿].

  네 대답은 틀렸어.

DAY 05

---

791 yeah
[jeə 예어]
(부) 응, 그래 〈찬성 / 긍정〉

yeah

Oh, **yeah**. 아, 맞아.

---

792 year
[jɪə(r) 이어(ㄹ)]
(명) 해, 년

year

next **year** 다음 해

---

793 yellow
['jeloʊ 옐로우]
(명) 노랑 (형) 노란색의

yellow

wearing **yellow** 노란 옷을 입은

---

794 yes
[jes 예스]
(부) 예, 응 〈대답〉

yes

say "**yes**" "네"라고 말하다

---

795 yesterday
[jestərdeɪ 예스터ㄹ데이]
(명) (부) 어제

yesterday

the day before **yesterday** 그저께

---

796 yet
[jet 옛]
(부) 아직

yet

have **yet** to do 아직 ~해야 한다

---

797 you
[ju: 유우]
(대) 당신, 당신들

you

friendship between **you** and me 너와 나의 우정

---

798 young
[jʌŋ 영]
(형) 젊은, 어린

young

a **young** gentleman 젊은 신사

---

799 zero
[zɪ(:)roʊ 지(이)로우]
(명) 영[0]

zero

above **zero** 영상의

---

800 zoo
[zu: 주우]
(명) 동물원

zoo

wild animals in the **zoo** 동물원의 야생동물들

빈 칸에 단어를 넣어 문장을 완성해 보세요.

- _____ , why not?

  그러게요, 안 될 것 없죠?

- We meet twice a _____ .

  우리는 1년에 두 번 만나요.

- His raincoat is _____ .

  그의 비옷은 노란색이다.

- _____ , I'm fine.

  네, 괜찮아요.

- We played baseball _____ .

  우리는 어제 야구를 했다.

- He is _____ alive.

  그는 아직 살아 있다.

- _____ look good.

  너 좋아 보인다.

- The bride is too _____ .

  신부가 너무 어리다.

- I got _____ in science.

  나는 과학에서 영점을 받았다.

- I saw a tiger in the _____ .

  나는 동물원에서 호랑이를 보았다.

Practice Test / WEEK 16 /

1 다음 각 영어 단어의 뜻을 우리말로 써 보세요.

1 war _____ **2** week _____

3 wide _____ **4** winter _____

5 yesterday _____ **6** year _____

2 다음 우리말 뜻에 해당하는 영어 단어를 써 보세요.

1 썻다 _____ **2** 젖은 _____

3 넓은 _____ **4** 세계 _____

5 나쁜 _____ **6** 젊은 _____

3 다음 그림에 해당하는 영어 단어를 연결해 보세요.

1	2	3	4	5

weather   wood   zoo   watch   window

4 다음 보기에서 우리말 뜻에 해당하는 영어 단어를 찾아 써 보세요.

want	warm	waste	west	win
wind	wonder	word	work	yellow

1 일 _____

2 원하다 _____

3 낭비하다 _____

4 놀라움 _____

5 서쪽 _____

6 바람 _____

5 우리말에 맞도록 빈칸에 알맞은 말을 쓰세요.

1 봄은 따뜻하다.   Spring is _____ .

2 기름은 물에서 분리된다.   Oil separates from _____ .

3 그는 문법에 약하다.   He is _____ in grammar.

4 우리 어디서 만날까요?   _____ shall we meet?

5 제니가 쉽게 이길 거야.   Jenny will _____ easily.

6 다음 영어를 우리말로 옮기세요.

1 Plants want water.   _____

2 What happened?   _____

3 Which is your book?   _____

4 That woman is tall.   _____

5 I got zero in science.   _____

Answer Key

Week 1 ▶ Practice Test

A 1. 행동 2. 오후 3. 항상 4. 대답 5. 은행 6. 해변

B 1. age 2. angry 3. arrive 4. ask 5. bad
   6. bath

C 1. 주소 – address 2. 앨범 – album
   3. 동물 – animal 4. 아기 – baby 5. 곰 – bear

D 1. airport 2. beautiful 3. autumn
   4. about 5. aunt 6. bag

E 1. a 2. all 3. arm 4. at 5. balloon

F 1. 그는 학생들 사이에 인기가 있다.
   2. 그 차는 오래되고 지저분하다.
   3. 벌들이 꽃 주변을 날고 있다.
   4. 그는 등을 긁었다.
   5. 이 바나나는 짧다.

Week 2 ▶ Practice Test

A 1. ~전에 2. 새 3. 병 4. 깨뜨리다 5. 바쁜
   6. 부르다

B 1. begin 2. black 3. build 4. but 5. button
   6. camp

C 1. 긴 의자 – bench 2. 생일 – birthday
   3. 빵 – bread 4. 붓 – brush 5. 달력 – calendar

D 1. bridge 2. behind 3. board 4. bicycle
   5. become 6. brown

E 1. bell 2. between 3. boat 4. breakfast
   5. busy

F 1. 나는 의사가 되고 싶다.
   2. 이건 커다란 돌이네.
   3. 오늘 밤 달이 밝다.
   4. 스테이크가 다 타버렸다.
   5. 사진기가 침대 위에 있다.

Week 3 ▶ Practice Test

A 1. ~할 수 있다 2. 잡다 3. 반친구 4. 구름 5. 오다
   6. 세다

B 1. capital 2. ceiling 3. chopstick 4. close
   5. cool 6. corner

C 1. 모자 – cap 2. 의자 – chair 3. 교회 – church
   4. 동전 – coin 5. 요리사 – cook

D 1. center 2. clothes 3. candle 4. clean
   5. chance 6. carry

E 1. case 2. chalk 3. cheap 4. circle 5. color

F 1. 그 차는 멋있다.
   2. 몸조심해.
   3. 잔돈은 가지세요.
   4. 나는 아이를 찾고 있다.
   5. 원숭이는 나무에 잘 오른다.

Week 4 ▶ Practice Test

A 1. 진로 2. 죽은 3. 일기 4. 인형 5. 꿈 6. 동쪽

B 1. cousin 2. danger 3. dish 4. draw 5. duck
   6. early

C 1. 젖소 – cow 2. 딸 – daughter 3. 사슴 – deer 4.
   의사 – doctor 5. 지구 – earth

D 1. cut 2. day 3. dinner 4. cover 5. drink
   6. dictionary

E 1. cover 2. dark 3. dirty 4. dolphins 5. drive

F 1. 그 아기는 울기 시작했다.
   2. 오늘은 며칠이니?
   3. 최선을 다해라.
   4. 바다는 굉장히 깊다.
   5. 토끼는 귀가 크다.

Week 5 ▶ Practice Test

A 1. 쉬운 2. 우수한 3. 느끼다 4. 찾다 5. 고치다
   6. 바보

B 1. enjoy 2. exercise 3. fact 4. farm 5. fill
   6. food

C 1. 저녁 – evening 2. 얼굴 – face 3. 뚱뚱한 – fat
   4. 손가락 – finger 5. 꽃 – flower

D 1. excuse 2. far 3. fight 4. eat 5. foot 6. fly

E 1. egg 2. Every 3. family 4. finger 5. flag

F 1. 그 방은 비어 있었다.
   2. 흥미진진한 경기였다.
   3. 그는 농장에서 일한다.
   4. 거의 끝났어.
   5. 날 따라와!

Week 6 ▶ Practice Test

A 1. 잊다 2. 기쁜 3. 회색 4. 성장하다 5. 반
   6. 싫어하다

B 1. fresh 2. glass 3. great 4. group 5. hard
   6. hear

C 1. 과일 – fruit 2. 대문 – gate
   3. 할머니 – grandmother 4. 손 – hand
   5. 머리 – head

D 1. gold 2. hall 3. ground 4. free 5. full
   6. happy

E 1. front 2. fun 3. gentle 4. Grapes 5. green

F 1. 신선한 공기는 좋다.
   2. 우리는 마침내 그 경기를 이겼다.
   3. 똑바로 가라.
   4. 쇠는 단단하다.
   5. 많은 나무들이 숲에서 자란다.

Week 7 ▶ Practice Test

A 1. 마음 2. 잡다 3. 백(100) 4. 생각 5. 가입하다
   6. 차다

B 1. heavy 2. horse 3. hungry 4. interest
   5. job 6. keep

C 1. 암탉 – hen 2. 병원 – hospital 3. 집 – house
   4. 섬 – island 5. 열쇠 – key

D 1. hit 2. here 3. help 4. hour 5. hurry
   6. hole

E 1. high 2. Hold 3. holiday 4. hurt 5. ice

F 1. 도둑이 숨어 있다.
   2. 좋은 생각이에요.
   3. 빌이 아프다.
   4. 저를 소개하겠어요.
   5. 사자는 밀림의 왕이다.

Week 8 ▶ Practice Test

A 1. 아이 2. 큰 3. 학과 4. 생생한 5. 잃다 6. 미친

B 1. knock 2. late 3. let 4. lot 5. low 6. mail

C 1. 무릎 – knee 2. 잎 – leaf 3. 편지 – letter
   4. 사자 – lion 5. 점심 – lunch

D 1. knife 2. land 3. laugh 4. kill 5. library
   6. list

E 1. kind 2. learn 3. lie 4. little 5. loud

F 1. 왕은 한 명의 공주를 두었다.
   2. 빌은 내일 떠날 것이다.
   3. 나는 음악을 좋아한다.
   4. 뱀은 길다.
   5. 행운을 빕니다!

Week 9 ▶ Practice Test

A 1. 남자 2. 중앙 3. 달 4. ~해야 한다 5. 가까운
6. 소음

B 1. March 2. meet 3. month 4. much
5. narrow 6. new

C 1. 지도 – map 2. 거울 – mirror
3. 산 – mountain 4. 음악 – music 5. 밤 – night

D 1. moon 2. neck 3. many 4. next 5. minute
6. million

E 1. marry 2. model 3. money 4. mouth
5. need

F 1. 이 고기는 질기다.
2. 우유는 몸에 좋은 음식이다.
3. 그들은 영화배우이다.
4. 그거 대단한 소식인데요.
5. 서울은 부산의 북쪽에 있다.

Week 10 ▶ Practice Test

A 1. 코 2. 열린 3. 짝 4. 부모님 5. 사람들 6. 그림

B 1. nurse 2. only 3. paper 4. pass 5. picnic
6. piece

C 1. 공책 – note 2. 늙은 – old 3. 바지 – pants
4. 배 – pear 5. 소나무 – pine

D 1. other 2. number 3. now 4. pardon 5. pay
6. pilot

E 1. o'clock 2. office 3. once 4. park 5. pick

F 1. 나는 자주 아침을 거른다.
2. 기름과 물은 섞이지 않는다.
3. 오렌지는 즙이 많다.
4. 펜을 써도 되겠습니까?
5. 이 돼지는 매우 살이 쪘다.

Week 11 ▶ Practice Test

A 1. 장소 2. 연습 3. 밀다 4. 조용한 5. 준비된
6. 부유한

B 1. plan 2. problem 3. put 4. quick 5. real
6. road

C 1. 비행기 – plane 2. 감자 – potato
3. 무지개 – rainbow 4. 빨간색 – red
5. 강 – river

D 1. pull 2. return 3. read 4. remember
5. question 6. plant

E 1. Play 2. post 3. queen 4. ride 5. ring

F 1. 제발 저를 용서하세요.
2. 이 책은 인쇄가 선명하다.
3. 다시 한 번 말씀해 주시겠습니까?
4. 한국인은 밥을 먹고 산다.
5. 배가 바위에 부딪쳤다.

Week 12 ▶ Practice Test

A 1. 구르다 2. 점수 3. 팔다 4. 어깨 5. 아픈 6. 은

2. 1. round 2. season 3. shape 4. shout 5. sit
6. size

C 1. 자 – ruler 2. 바다 – sea 3. 양 – sheep
4. 신발 – shoe 5. 여자 형제 – sister

D 1. same 2. safe 3. roof 4. send 5. short
6. sing

E 1. rocket 2. sand 3. set 4. ship 5. Show

F 1. 이 장미는 향기가 좋다.
2. 학교는 여덟 시 반에 시작된다.
3. 그 가게는 다섯 시에 닫는다.
4. 문이 닫혀 있다.
5. 우리는 나란히 걷는다.

Week 13 ▶ Practice Test

A   1. 자다 2. 부드러운 3. 남쪽 4. 보내다 5. 서다
    6. 걸음

B   1. smell 2. soon 3. speed 4. spring
    5. stone 6. storm

C   1. 스케이트 – skate 2. 양말 – socks
    3. 숟가락 – spoon 4. 우표 – stamp
    5. 난로 – stove

D   1. smoke 2. sound 3. stairs 4. sky
    5. steam 6. soap

E   1. slide 2. soap 3. space 4. sport 5. station

F   1. 거북이는 느리다.
    2. 그녀의 아들은 열세 살입니다.
    3. 이름은 어떻게 씁니까?
    4. 별이 밝게 빛난다.
    5. 이 거리에는 상점들이 많다.

Week 14 ▶ Practice Test

A   1. 이상한 2. 저녁식사 3. 말하다 4. 시험
    5. 그곳에 6. 생각하다

B   1. stupid 2. sweet 3. taste 4. thank 5. thin
    6. thirsty

C   1. 지하철 – subway 2. 태양 – sun 3. 탁자 – table
    4. 테니스 – tennis 5. 두꺼운 – thick

D   1. surprise 2. sugar 3. street 4. take
    5. summer 6. then

E   1. strikes 2. sure 3. tall 4. team 5. They

F   1. 그녀는 부지런한 학생이다.
    2. 피터는 수영을 할 줄 안다.
    3. 나는 진한 차를 좋아한다.
    4. 너는 나보다 나이가 많다.
    5. 이것은 먹을 수 있다.

Week 15 ▶ Practice Test

A   1. 천(千) 2. 오늘 3. 여행 4. 두 번 5. 보통의
    6. 마을

B   1. tired 2. tonight 3. try 4. turn 5. vacation
    6. walk

C   1. 호랑이 – tiger 2. 치아 – tooth 3. 장난감 – toy
    4. 우산 – umbrella 5. 바이올린 – violin

D   1. trip 2. understand 3. together 4. until
    5. visit 6. throw

E   1. ticket 2. top 3. town 4. under 5. wake

F   1. 시간은 돈이다.
    2. 네덜란드는 튤립으로 유명하다.
    3. 대단히 감사합니다.
    4. 잠시 기다려라.
    5. 그 벽은 높다.

Week 16 ▶ Practice Test

A   1. 전쟁 2. 주 3. 넓은 4. 겨울 5. 어제 6. 해

B   1. wash 2. wet 3. wide 4. world 5. wrong
    6. young

C   1. 손목시계 – watch 2. 날씨 – weather
    3. 창문 – window 4. 나무 – wood
    5. 동물원 – zoo

D   1. work 2. want 3. waste 4. wonder 5. west 6.
    wind

E   1. warm 2. water 3. weak 4. Where 5. win

F   1. 식물은 물이 필요하다.
    2. 무슨 일 있었니?
    3. 어느 것이 당신 책인가요?
    4. 저 여자는 키가 크다.
    5. 나는 과학에서 영점을 받았다.